ELITE

取向我們的身體

忠於信仰地運用現代醫藥

約珥．舒曼 (Joel Shuman)
布雷恩．福爾克 (Brian Volck) 著
陳永財 譯

基道出版社

▼

ELITE

取回我們的身體

忠於信仰地運用現代醫藥

Reclaiming the Body

Christians and the Faithful Use of Modern Medicine

作者
約珥 · 舒曼 Joel Shuman
布雷恩 · 福爾克 Brian Volck

譯者
陳永財

責任編輯
李慧儀

裝幀設計
奇文雲海 · 設計顧問

■

出版／發行
基道出版社
香港沙田火炭坳背灣街26號富騰工業中心1011室
LOGOS PUBLISHERS
Unit 1011, Fo Tan Ind. Centre, 26 Au Pui Wan St., Shatin, Hong Kong
電話：(852) 2687-0331 傳真：(852) 2687-0281
網址：http://www.logos.com.hk

承印
陽光印刷製本廠

●

3/2010 初版
Cat. No. LP923
ISBN: 978-962-457-393-0

刷次	10	9	8	7	6	5	4	3	2	1
年份	2019	2018	2017	2016	2015	2014	2013	2012	2011	2010

譯序

翻譯這本書絕對是虧本工作。這本書原著雖然只有大約一百七十頁，但卻花了我不少時間、心血和腦汁。這書集神學、倫理學、醫學、文學於一身。兩位作者又相當博學，旁徵博引，害我花了不少時間做研究工作。作者文筆也相當流麗，而且引述了大量文學作品，還有所有譯者都望而生畏的莎士比亞著作。書中也不時滲透出作者的幽默感。這一切都令我不敢也不能怠慢。

原書的書名是 *Reclaiming the Body*。正如書名顯示，「身體」是本書的主題。不過，書中的身體不單指我們的肉身；也指基督的身體，也就是教會；更擴展到全人類，以致整個創造。Reclaim 也是書中經常提及的詞語。考慮到作者主張非暴力，我沒有將 reclaim 翻譯為「奪回」，而是用了較溫和的「取回」。書中有一個源自新約聖經（特別是保羅著作）的重要觀念，《和合本》和《新譯本》都翻譯為「掌權的」，因應「掌權的」的本質，我沒有採用《思高譯本》「掌權者」這個較方便和自然的翻譯，請讀者見諒。由於兩位作者分別是更正教徒和天主教徒，他們引述的教會見證包括更正教會和天主教會，他們論證時徵引的著作遍及更正教、天主教和東正教，所以我翻譯時也著意忠實地反映這些差異，沒有刻意抹去書中的天主教和東正教色彩。個人甚至認為，更正教徒和天主教徒能夠合作寫成一本這樣精彩的書，實在是非常美好的見證。

書中引述了很多文學著作，部分參考了現成的中譯，有些則完全由我自己譯出。特別要提的是莎士比亞的著作。《哈姆雷特》的引文，翻譯時參考了一個英語注釋本以及卞之琳和方平的譯本；《李爾王》的引文還額外參考了一個注釋詳盡的中譯本，但最初在圖書館找資料時沒有記下譯者名字，再到圖書館時已找不到那本書。我對莎劇素無研究，所以只能勉為其難，雖然花了好些工夫，但譯筆仍未能及原著之萬一，也只能將就。

這本書令我虧本的另一個原因是它使我不安。我雖然自稱「草根專業人士」，自問生活也絕不奢侈，也確實有以奉獻和行動關心弱勢社羣，亦深明羣體的重要，作基督徒的艱難。但譯完這本書後，我深深感到自己以前的理解仍相當膚淺，自己仍有很多欠缺，我一直所做的仍然相當不足。這本書迫使我面對自己和教會的過犯，要求我重新反省自己的生活方式，以更多實際行動回應上帝的呼召。這本書也讓我明白這些事情都要用整生來進行。

也因為這樣，我將這本書當為一個開始。書中提及和引述很多作品，我按圖索驥，買了其中幾本來看，已覺獲益良多，我打算繼續看書中引述的著作，繼續追尋翻譯這本書期間開始的尋索，這麼一來，又要花好些金錢買書了，賺得的稿費又會少了一截。

為了以上幾個原因，我得感謝基道出版社給我這份虧本的差事。而且譯者和編輯往往「有福同享，有難同當」。這本書給我那麼多苦頭，對編輯也一定是苦差，特此多謝往往比譯者更隱藏，但勞苦功高的編輯。（編按：有難同當比有福同享更為可貴，我們也謝謝你願意同當此難。）

二〇〇八年，基道出版社先後委託我翻譯 *The Body of Compassion* 和 *Reclaiming the Body*。這兩本書都論及基督徒患病和照顧病人應該怎樣與世人不同。

也是在二〇〇八年，我教會一位弟兄和另一間教會一位我認識的姊妹先後患上癌症。我著手翻譯 *The Body of Compassion* 時，兩人都在接受治療；到我翻譯 *Reclaiming the Body*時，姊妹已完全康復，回復正常生活；弟兄卻在我還未譯完這本書已安息主懷。兩個不同的結局，卻同樣印證了兩本書闡釋的真理。

姊妹受過高等教育，在證實患病後以流暢的英語在 Facebook 與弟兄姊妹和朋友分享她的掙扎、擔心、恐懼，她對上帝的體驗，從上帝、肢體和朋友得到的鼓勵、安慰及支持。閱讀她的文章，就好像閱讀詩篇中詩人那些向上帝全然坦白的禱告一樣，令人體會信仰的有血有肉，上帝的真實。

她就是這樣以軟弱的身軀服事基督的身體。在姊妹患病和康復期間，我主要透過 Facebook，間或也用電話與她聯絡，給她一點支持和鼓勵，期間彷彿與一些素未謀面的弟兄姊妹形成一個羣體，一起為她禱告，與她同哭，也同笑。

弟兄讀書不多，不擅於表達自己，但他對上帝有單純的信心，雖然患病之初醫生已表示他不能痊癒，但他仍積極面對，忍受痛楚，不怨天尤人，只要身體狀況許可，仍然每星期到教會聚會。他也在教會以及他以義工身分事奉的差會分享見證，給弟兄姊妹激勵。他就是這樣以將殘的身軀服事教會的羣體。在弟兄患病期間，很多弟兄姊妹在各方面給他幫助，也有肢體陪他覆診，為他慶祝生日。他彌留之際，很多弟兄姊妹（包括我在內）都可以見到他最後一面，向他道別。他姊姊也一直陪伴在側。

姊妹和弟兄的故事具體地表明身體和靈緊密相連，不能區分；也證明個別信徒的身體和基督的身體不能分割，彼此休戚與共；也都體現了保羅的話：「無論是生是死，總叫基督在我身上照常顯大」（腓一 20）。

謹將本書譯文獻給陳陽輝弟兄、張麗華姊妹！

目錄

導論

在我們其中一人教授的其中一個四年級醫科學生的文學與醫藥課程，課程以撰寫與將要討論的書籍或故事有關的提詞為開始。和他們的老師一樣，我們的學生的表現往往都是平平無奇的，但有時也有些深刻的洞見，無論那是多麼不經意。其中一項提詞（現已從課程剔除），要求他們描述希望自己會怎樣死去，死時會與誰一起。他們文章描述的情況，與他們在醫院中見到的情況恰恰相反，幾乎沒有例外。死亡平靜、無痛苦和幾乎意外地來到，沒有時間讓他們受苦或有不想有的反省，但親愛的朋友和家人卻都來得及接受感人的告別。在文章中找不到打攪他們的科技修整，身體永遠都不會比思想或——可能更重要的是——意志更快動搖。體格健全的八十多歲老人渡過閑適的下午，打網球、享受性愛、喝美酒，然後睡在舒適的牀上，第二天早上被發現含笑而終。好像色情作品一樣，完全是烏托邦式，而且充滿陳腔濫調。

在生物醫學興起前，西方人以不同的方式想像死亡。沒有經過細心預備的死亡，會令一般的基督徒感到害怕。比個人舒適或痛苦更為重要的是：靈魂本身的命運。讓我們以文學來說明，考慮一下哈姆雷特（Hamlet）父親的鬼魂，他要求兒子向克勞迪厄斯（Claudius）報仇，不單因為克勞迪厄斯謀殺了他，奪去他的王位，也因為克勞迪厄斯是趁他睡覺時下手：

在深重罪孽中一命嗚呼，
來不及領聖餐、懺悔、傅油，
來不及交代清楚，就要我算帳——
頭上帶著一切的缺點。
啊，可怕！啊，可怕，太可怕了！（第一幕，第五場）

後來哈姆雷特王子有大好機會趁克勞迪厄斯祈禱時了結他，但他卻感到猶疑，把劍收起，等候一個更好的時機：

等他喝得爛醉如泥，或暴跳如雷，
或在牀上放縱亂倫的情慾，
或在賭博時咒罵，或者在幹甚麼
是完全沒有得救的指望之時。（第三幕，第三場）

在莎士比亞和二〇〇五年的醫學院課堂之間的某處，死亡的思想裝備改變了。現在不宜回顧這個轉變的歷史，或研究十六世紀對臨終傅油、告解和審判的神學辯論。我們更感興趣的是那些醫科學生，我們相信他們與那些四十歲以下的較新潮的北美洲人士分別不大。不過，和非醫科的同輩所不同的是，這些學生頗為熟悉在醫院去世的運作，這使得他們對科技所作的那種故意沉默顯得詭異。從他們對死亡所作的幻想中，我們看到他們那科技化的專業裏有著與魔鬼的交易，又是否將太多意思放進他們這種幻想中？醫藥和醫療機械會令他們的血管保持清潔，關節保持靈活，生殖器官保持活躍，直到衰敗的一刻無可避免地來到，就突然後退，保持恭敬的距離，讓那壯健的人慢慢消逝。宗教信念，或其更為親民的表親「靈性」，在這些模糊的死亡中很少出現。一個學生對「最終離開我的身體」這個前景感到驚奇，以進入致力保養和修理身體這個行業的人來說，這是一句令人驚訝的評註。我們懷疑班上沒有人留意到他的話與尼西亞信經（Nicene Creed）的「身體復活」相差多遠，但在一個多元社會中，實在不能假設人們有共同的宗教信念，而在醫學院，自「個人信念」的陳述區別出來的神學語言並不比脊椎指壓治療法的研討會更受歡迎多少。

這本書嘗試重塑這種關係，提出一個問題：教會活出的神學，對曾經或將會與醫學建制相遇的人能否提供甚麼？例如：如果我們在教會就上帝、身體和我們與彼此的關係或對彼此的責任所說的話，在教會的大門以外有真正的後果，那又怎樣？如果它們不單是黑暗中的哨子聲，不單是無情世界中的私人安慰，那又怎樣？

我們對現時關於靈性和信仰作為健康及保健技巧的潮流不感興趣。我們其中一人已經與別人合著一本書批評這種現象。[1]我們不會往由醫藥工業暫時空出的分類架中塞入宗教，而會問：關於醫藥、我們的身體和我們的健康，神學有甚麼話說？這本書不是要鞭撻醫藥（我們其中一人**是**醫生！），而是一個機會，從一個新的角度——蒙召與別人不同的羣體的角度——看醫藥已視為己有的地盤。很多醫生認為這種批評是無知和愚昧，因而不加理會，這沒有令我們感到驚訝：醫生在維持醫藥的特權方面有明顯的利益。令我們驚訝的是，有信仰的人——特別是神職人員——往往也接受這種拒絕。蕭伯納（George Bernard Shaw）寫道：「所有專業都是針對門外漢的陰謀」時，他諷刺的對象是醫學而不是宗教。[2]

或許我們最好更詳細說明這本書不會討論甚麼。這不是從基督徒角度看醫學倫理的標準書籍。我們不會考慮個別的醫學困境——墮胎、安樂死、幹細胞研究等等——從哲學角度檢視它們，然後提出一個我們建議的回應。事實上，正如我們在第六章論證說，這種個別化的取向將事情完全弄錯。我們也不是鼓吹成立另類的基督教醫學組織，醫院、機器和友善的職員全都在認可的官方魚形印〔譯按：指初期教會採用的魚形徽號〕批核下運作。我們倒是回到教會的神學傳統，藉以重新想像基督徒和稱為醫藥的事業之間的關係。因此，在轉向實際的事情時，我們的取向必然是提示性多於規範性，雖然對那些假設醫藥工業「做得對」的人，我們的故

1 Joel Shuman and Keith Meador, *Heal Thyself: Spirituality, Medicine and the Distortion of Christianity* (Oxford: Oxford University Press, 2003).

2 George Bernard Shaw, *The Doctor's Dilemma*, Act I (Baltimore, MD: Penguin, 1954), 116.

事和説明會顯得越軌，甚至會令人困擾。無論怎樣，那些希望為將醫藥重新基督教化找一個五年計劃的人，必須向其他地方求助。

大部分人都以十分緊縮的方式想像醫藥和健康。在我們對此提出作為另類選擇的故事前，我們會先嘗試奠定一些基礎，引用歷史上基督教傳統的主要**神學**信念。所謂**神學**，我們指那些聚集在一起跟隨和參與基督的生命的羣體，他們怎樣理解上帝的身分、行動和祂在祂子民中那有力的同在。所謂**教會論**，我們指那些聚集的人怎樣理解如何作為教會，由基督召集，由是過不同和更全面的生活。我們現在這習慣個別「尋道者」追求私人「靈性」的世界，這種集體理解驟耳聽來可能顯得奇特，甚至不自然。由於人類傾向視自己為宇宙的精神中心，羣體可能是不自然的，但教會就是這樣將它從前人接受的傳統傳遞下來。**Tradition**（傳統）這個詞來自一個拉丁詞根（*tradere*），意思是「交給」。**Treason**（背叛）這個詞有同一個來源。我們是有選擇的。我們可以接受那小心地代代相傳給我們的，並將之傳遞下去，或者交給那些不關心過去或我們是誰的人。二十一世紀的西方人受到教導，視傳統為限制和不民主。不過，用切斯特頓（G. K. Chesterton）的話來説，傳統是「在時間中擴展的民主」（“democracy extended over time”），這種踐行承認我們是在歷史中的某一特定時刻，並不能宣稱獨佔真理。

我們處理主題的方式，看來可能十分具有傳統醫學的風格，那就是對我們認為是流行病的東西作出描述：在面對醫藥時，大部分北美洲基督徒都不大考慮它與他們的神學信念有甚麼關係。接著我們探討我們認為要為目前的疾病負責的病原體：新約所謂的「執政及掌權的」(“powers and principalities”)，我們從這些結構和制度實體中得到很多好處，但它們也誘陷我們墮進使我們懊悔的圖謀之中，這跟我們的醫科生想像他們可以避免的技術困境十分相似。檢視了問題和它的機制後，我們考慮對抗疾病的最有效方法，首先我們以身體的眾多神學意義來重新想像身體，然後考慮如何體現和增強這些信念。在結束時，我們用幾章篇幅來考慮特定的個案，闡述活出這些信念和踐行的方法。我們不存幻想，沒有將這些闡述視為巨細無遺的，彷彿我們可以將聖靈在人類生命中行動的界限臚列出來。我們真誠希望讀者會以新方式活出我們提示的真理，從而給我們驚喜。

當然，我們在上面勾畫的「醫學結構」是開玩笑地提出的。根據我們的經驗，視身體為一份禮物，或者認為神學地理解羣體實踐，比個人主義的「科學化」醫學教條更重要，絕對不是標準的醫學。畢竟，沒有說出的假設滲入醫藥信條，就好像肥厚、充滿膽固醇的牛排裏面的脂肪一樣，而質疑這些假設的人，大可提出蓋倫(Galen)的體液理論(theory of humor)，看自己會遇到甚麼反應。〔編按：體液理論為十六至十七世紀的醫學理論，作者以此暗示若這樣做將會被視為落伍而受到嘲笑。Humor 意即幽默，作者亦以此作雙關語。〕正如我們一個學生最近說：「我告訴同行，身為醫科生，我們不單在學習一個知識系統，也同時在學習一個信仰系統時，他們並不明白。」醫藥的職責是模糊它作為信仰系統的方式，特別是以它現時流行的方式，強調「以證據為基礎的實踐」。只有在醫院的邊緣，由好像倫理委員會和多元化部門這些「軟科學」佔據的地方，才容許這種觀察。我們這個洞察力強的學生比我倆都早得多看到帷幕背後的魔術師，這給我們盼望。她從學生的觀點說話，接受過哲學和修辭學的訓練，她敘述自己活出的故事的方式，與醫藥作為科學工業嘗試向她兜售那種預先編造的方式不同。如果她保持自己那抵抗的立場，她在這行業中會成為異類，很可能會成為不斷受到建制鎚子錘打的疼痛拇指。我們相信那些由神學模塑其思想的醫藥從業員是同樣古怪和脆弱的。我們邀請你和我們一起以視上帝——也就是神學和教會——實際上是重要的方式探討醫藥。如果我們稱為救主的基督呼召我們笨拙，我們是誰，膽敢與祂爭論？

第一章
醫生與基督徒

我們一位朋友最近寫道：「上帝有時在我們患病時出現，」[1] 我們覺得這實在過於輕描淡寫。在當代北美洲，沒有哪個地方的人，能比在醫院裏的人們更多求告上帝的名字；但上帝對人們處事方式所帶來的影響，卻沒有甚麼地方少得過醫院的了。可以肯定的是，在醫院發生的禱告和在散兵坑的同樣多，而即使沒有宗教背景的醫院也有院牧，但那些因為有優厚醫療保險而能夠在互相競爭的醫院中作選擇的幸運病人，可能考慮醫生的聲譽、醫院的便利或全國排名，更重於醫院的屬靈資源。當醫學研究吹噓一般的「靈性」和代禱對健康的益處之時，[2] 人們在醫院求告的神明，與任何由技術主導的領域的神祇觀念相

1 Stanley Hauerwas 的序言，引自 Joel Shuman and Keith Meador, *Heal Thyself: Spirituality, Medicine and the Distortion of Christianity*（Oxford: Oxford University Press, 2003）, xi。

2 有關更全面地討論這現象和它假設及促成的那種扭曲了的基督教，參 Shuman and Meador, *Heal Thyself*。

似：神要不是用來填補空隙，作為用盡一切「理性」方法後的最後辦法；就是作為技術的神，是現代健康護理隊伍的「全副」軍裝中那眾多治療方法的其中一種。

在實踐上，上帝成了在天上的那人，在我們擔心單靠醫藥並不足夠，或者在其他一切都無效時，便向祂呼求。難怪神職人員到病房時，家人都感到緊張。對於為病人進行傅油聖事，儘管羅馬天主教的官方理解已經回復到視之為醫治的公共實踐，而不單是「最後的儀式」[3]，一些天主教家庭仍然在辯論召請神甫是否「為時太早」。北美洲的醫院往往遷就天主教徒的特別需要，但東正教徒和更正教徒如果要求神職人員到場，大都必須接受「百搭宗派」（"one denomination fits all"）這種做法。年長的門諾會會友、有初生嬰兒患病的美南浸信會家庭、等候接受心臟手術的神體一位論信徒，都必須接受剛從神學院畢業，不是穿牧師袍，而是穿有醫學權威的醫生袍的循道會牧師給予「屬靈安慰」。至於猶太人、伊斯蘭教徒或印度教徒，他們在醫院不大可能找到來自自己信仰傳統的人幫助。病人也不能假定與他們有相同宗教傳統的院牧會以那個傳統的語言說話。精神病學家兼作家科爾斯（Robert Coles）講述一位朋友的故事。這位朋友是天主教徒，也是醫生，他患了末期癌症，在醫院留醫。一位神父探訪他。相較於宗教生命，這位神父更為關心這位醫生兼病人「應付」疾病的能力。[4] 在病人眼中，神父將談話限制在關乎

3 *Catechism of the Catholic Church*, paragraphs 1514 ~ 1515, 1517.

4 Robert Coles, *Harvard Diary* (New York: Crossroad, 1988) , 10.

「感受」、「精神」、「壓力」和「供討論⋯⋯的思想」這些事情，顯示他關心人的心理多於靈魂。「他戴著教士領來到，卻將心理學的陳腔濫調當為上帝的話提供給我！」[5]

我們想提出的論點不是家人不關心「重大的問題」，或者所有院牧都是淺薄地說心理囈語。絕對不是這樣。我們在醫院遇到的家庭，很多都對上帝在他們的生命或即將來到的死亡中的行動，持有很深的信念，儘管這持守有時是在模糊懵懂地進行的；而大部分院牧都是深思且非常有信心的人，他們每天都面對可怕的苦難帶來的挑戰。但這兩羣人，即病人和親屬，以及牧者，卻很少溝通，直到醫生的魔術袋（最好的科技總顯得是魔術）似乎空無一物時。到了人們召請院牧時，這時院牧往往又正在與另一個處於同樣危急狀態的家庭傾談，家人和院牧很少有時間知道彼此的名字，更沒有時間了解彼此的生命故事。正如「提供駐診服務的醫生」為病人診治，病人慣常見的醫生卻沒有到醫院會診的特權，院牧也像那些駐診醫生一樣，需要在很短時間內掌握很多事情。他們必須先找到病人，這在現代醫院的擠擁環境並非容易的事情；然後核實病人和家人的名字，病人的診斷和狀況，以及有關人士有沒有宗教傳統，如果有，是甚麼傳統。**接著**的任務是找出病人的特定「屬靈關注」，並確定他們實際上在多大程度上尋求在日常生活中體現這些關注。如果哀傷中的妻子說自己是路德會會友，這是否表示她每星期都參加崇拜，並經常到市中心的施食處服務？還是她上次踏足教堂，

5　Coles, *Harvard Diary*, 11.

是在二十年前結婚時，而且在堅振禮後便沒有認真思想過上帝？從院牧的角度看，這很可能會帶來分別。但真的會嗎？事實上，期望會帶來分別又是否實際？如果我們兩人與患病和垂死者的家人的談話有任何代表性的話，在受到疾病威脅或面臨死亡時，很多人想要的，是找出正在發生的事情有甚麼意義，或者找到確定上帝會令一切最終變得妥當的保證。值得花上一生時間進行和默想的談話，必須濃縮成幾分鐘、幾小時，最多也只是幾天內說完的話。對突然發覺自己需要「屬靈指引」的家庭來說，時間永遠都不足夠。工作過勞的牧者，同時受著幾方面的拉扯，發覺自己在關於靈性的事情上需要「將就一下」。

但醫生卻不是這樣。如果保險容許的話，我們都希望有最好的醫生、最新的科技、最新的醫藥。我們在前文引述的朋友，他在好些年前已經留意到這個分別，他寫道：「沒有人真的相信，沒有受過良好訓練的牧者可能威脅自己的救恩，因為沒有人真的相信救恩會受到任何威脅；但人們確實相信，沒有受過良好訓練的醫生可能真的會給他們帶來很大傷害。人們不再相信拯救的上帝，但他們卻相信死亡，而他們知道自己想盡可能將死亡推遲。」[6] 指控人們「不相信拯救的上帝」是有點嚴苛，但是，人類學家對當代醫院中自稱為基督徒的人所作的研究，只會發現很少相反的證據。留院的

6 Stanley Hauerwas, *Dispatches from the Front*（Durham, NC: Duke University Press, 1994）, 156。接受沒有受過良好訓練的牧者，或許顯示人們廣泛接受 *ex opera operato* 聖禮的有效性，這個神學用語指聖禮的效力與實行聖禮的人無關。考慮到北美神學論述的水平，我們認為不大可能是這樣。

基督徒沒有多少行為顯示他們有比醫生更能得到他們關注的事情；也就是說，他們關心今生和延長今生，如果有任何限制的話，那些限制也只是關乎費用和「質素」。事實上，有些基督徒表現出對今生更大的迷戀，以致排除對其他事情的關注，甚至比很多非基督徒更甚；他們憤怒地指控說所有關於來生有一位慈愛的神的話，都只是在走過墳場時吹口哨而已。而在鮮少的情況下，我們的行動顯示有比自己的生命更重要的關注，但當我們的理解與醫學「專家」有衝突時，我們仍然不願意挑戰他們。

權威及其不滿的緣由

身為基督徒，對於我們自己聲稱是有終極重要性的事情，為甚麼我們這樣懦弱和不願意行動？我們怎樣解釋？在我們可以提出的多種互有關連的力量之中，諸如世俗化、信仰的私有化或技術醫學的興起等力量之間，我們想最仔細地檢視權威這個問題。無論北美人對自己的宗教信念的真誠有怎樣的宣稱，我們仍然是相當實際的人，更明顯關心某些實踐的結果多於它們的意義。由於我們大部分人理解健康是無可爭議，甚至是至高的善（superme good），我們不能想像提出健康可能**為了**甚麼，健康可能為甚麼目的服務這樣的問題。《公主新娘》（*The Princess Bride*，1987）這齣很值得引述的電影，戲仿那些阻止我們提出這些問題的假設：王子描述他殺人和戰爭的繁忙日程時，出乎意料地關心他的伯爵（也是主要的施虐者）回答說：「休息一下吧。如果你沒有健康，你便一無所有。」[7]

如果我們視健康為最重要的事情，至高的善，我們便很自然地尋找最能夠提供這種好處給我們的人，或者至少是我們的醫療保險容許我們找到的最好的人。不過，一旦我們發覺自己坐在醫生的辦公室，便是在醫生的賽馬場上賭博（或許更好的說法是，在現代醫學的賽馬場上賭博）——即使醫學的語言有很大改變，將這賭博暗示成一種類似將汽車駛到商店的合約關係。

特別是在美國，**權威**這個詞揹著很重的包袱，美國人質疑權威的習慣實在太複雜和矛盾，不能簡化為一句口號。英國血統的歐洲人的殖民經驗，後來成為東部海岸地區（Eastern Seaboard），在很多事例（但當然不是全部）都被界定為逃避令人討厭的權威（往往是英國王室），以及建立一個新的、更本地的權威（有同一個英國王室的祝福和保護），而且往往以「自由」的名義這樣做。「脫離的自由」（"freedom from"）在美國精神中十分重要——脫離宗教迫害，脫離沒有代表的課稅，脫離王室對「各州權利」的侵犯，或脫離「歧視黑人」（"Jim Crow"）的系統性種族壓迫；這種自由假設有一種互補的「實行的自由」（"freedom to"）——遷移的自由，反抗暴政的自由，分離的自由，或投票和改變法律的自由。[8] 但在被稱為自由傳統以內的政

7 *The Princess Bride*，由 Rob Reiner 導演（Century City, CA: Twentieth Century Fox, 1987）。

8 當然，加拿大歷史在北美洲以內對權威的問題提供一個有趣的對比，我們今天稱為加拿大的地方，在一八六七年於沒有大規模軍事屠殺的

治理論中，由霍布斯（Thomas Hobbes）和洛克（Locke）到羅爾斯（Rawls）、諾齊克（Nozick）和羅蒂（Rorty），都假設個人自由和國家權威之間有一條可以商議的界線。[9] 十七世紀的哲學家霍布斯藉著將統治者——他的「利維坦」（his "Leviathan"）——高舉為防止全面戰爭的最後和最確定保障，界定了自從那時開始便成為自由政治的特點的政治協議：個人必須放棄某些權利，藉以保證自己的自由。我們可以說，自此以後的所有自由理論都是對霍布斯理論的解釋，在要求自由的個人和必須保存自由的政府之間持續地角力。這樣，在實踐和理論中，在質疑權威這行動中歡慶的自由，假設了如果我們要有任何自由，便必須有某種權威。以現代可能有的最直率用語來說，我們承認權威，因為如果沒有它，我們便不能得到自己想要的東西。

政府不是我們樂意賦予權威，期望可以從中「得到我們想要的東西」的惟一機構。我們信任醫生，關於我們的身體，以及怎樣令身體健康或保持身體健康，我們相信醫生知道一些我們不知道的事情。也就是說，我們信任醫生是有知識的技術人員，提供我們想要的東西給我們，而我們想要的東西就是健康。無論近年醫生的權威減退了多少，醫生仍然保留

情況下成為主權國。國界以南的一些觀察家，假設魁北克分離主義或東西方政治分歧，將勢必令部分或整個加拿大與人口比它更多的鄰國在政治上聯合起來，這假設可能反映出觀察家的事情（例如他們對加拿大歷史的無知或他們對權威的假設）更甚於加拿大的事情。

9　重要的是，要留意我們在這裏以專門的意思使用「自由」這個詞，用來描述那些推崇個人自由是高於其他一切善的政府理論。這表示我們**不是**談論美國政治上那些所謂左派的人持守的立場。

著幾乎是與神職人員一樣的光環，好像醫藥宗教的牧者。[10]

那麼，在所有關於病人選擇、知情同意（informed consent）的重要性、病人自主的首要性這些言論背後，仍然隱藏著的是醫學談話仍然是由醫藥的特別關注和技術權力決定。實際上，醫藥提供給「消費者」的是一張餐單，包括對身體的問題和限制的技術回應。雖然這張餐單愈來愈承認病人利益的權力，現在它被稱為「消費者的要求」，並且毫無反諷意味，但構成餐單的選擇仍然是由醫學決定。

並非所有醫藥的領袖都是渴求權力的暴君。事實上，現代醫藥很大程度上確實是由一種高尚的關注推動，希望「消除痛苦」，加強個人對自己生命的控制。這是很多科學和技術進步的明確目的，而這目的之確立，至少可追溯至培根（Francis Bacon）的《新工具》（*Novum Organum*, 1620）。[11] 我們認為，這些宣稱聽起來那麼善意和高尚——事實上，它們是那麼符合「基督教」——而這正是問題的一大部分。藉著假設醫藥和基督教是追求同樣的事物——這又恰巧是我們想得到的事物，例如健康、選擇的權利、體格健全、無痛苦的

10 正如 Stanley Hauerwas 說：「如果你想感受一下中世紀天主教是怎樣的，只需要加入主要的醫學中心」（*Dispatches from the Front*, 27）。

11 對在知識上找代罪羔羊這種流行的做法的錯誤運用，我們已經看得夠多，我們應該留意在培根的「大復興」背後，他明言的原則是基督教的仁愛。培根沒有徹底探討這仁愛可以怎樣限制科學和技術進步的目的和手段，或許是因為他沒有能力設想在後來的世紀，人類對控制的要求是多麼大，以及基督教思想的權威不斷被削弱。有關在現代醫藥中對「培根計劃」的批評，參 Gerald McKenny, *To Relieve the Human Condition*（Albany, NY: State University of New York Press, 1997）。

死亡——基督徒將更多宗教羣體的權力轉移給醫藥，增強了宗教改革以來在基督教中其中一個最不為人明白的現象——愈來愈忘記了基督徒的思想、言語和行動應該與世界不同。

但去見醫生在本質上似乎沒有甚麼基督教的成分，為甚麼基督徒應該有特別的行為？宗教傳統偶然就醫學的事情作出宣告，但這些通常是關乎不能理解的事情，例如生命難解的開始或最後時刻；因此，醫學只在最低程度上受醫學控制。不過，在實踐時，大部分決定都只是關乎醫藥可以提供甚麼，以及病人或家人想得到甚麼。雖然，醫生比以前更留意病人的「屬靈問題」，但他們喜歡相信自己給所有病人最好的醫藥照顧。無論醫生本人有甚麼宗教信仰，他們一般都認同某些私人持守的「非科學」立場可能限制醫生可以完成的事情，例如耶和華見證人（Jehovah's Witnesses）教條禁止信徒接受輸血。不過，雖然醫藥願意遷就這些信念，但卻不能不視它們的後果為可悲的。

當代北美文化推崇技術和十分專門的知識為：「得到我們想要的東西」的最新和最確定的方法，將那即使消費者愈來愈主導卻依然模糊的，被概括稱為「靈性」的範圍留給私人領域。[12] 雖然靈性往往被描述為「我們生命中給我們意義的部分」，或「我們最深信念的倉庫」，但它被放逐到純粹私人的領域，令它倚靠理性和科技這些「公開地負責」的實踐，並從屬於它們。在馬斯洛（Maslow）對需要所劃分的等級的

12　我們所說的「由消費者推動」，是指相對於大部分世界的大部分歷史，現代工業化的文化看靈性的方式，將它理解為由個人選擇和感受決定，而不是召命或包括在一羣人那更大、獲賦予的敘事中，以致個別

修改版本裏，屬靈關注成了在更實際的事情得到解釋後，讓人沉迷其中並感到快樂的事後想法。[13] 這不必以粗糙的物質主義形式出現，而且往往也沒有以這形式出現。近期很多我們感到吸引的文化發展，諸如：更關注我們的食物在哪裏和怎樣生長及預備，恢復可以徒步到達的市區毗鄰居所，或對高效率、低污染物排放的汽車那雖然微小但卻正在增長的需求，都顯示個人的喜好可以凝聚成公共力量。但它們繼續以市場對消費者的要求給予回應這個形式出現。

而醫藥常規已經改變，藉以配合這個整體計劃。在矯形科辦公室加上按摩治療師，提供「補充醫藥」作為「全套服務」的一部分，而熟悉草藥、氣功和順勢療法（homeopathy）是對「失去市場佔有率」的敏銳回應，多於是醫藥界本身自願作出的集體改變。然而，在這改變下，醫藥對健康護理的「靈性面向」有了新的尊重，加上擴闊和改進了的醫藥技術

人士現在的宗教信念和踐行源自以前達到的個人確信。例如：我們可以登入「信仰網」網頁，透過個人興趣問卷，找出哪個宗教傳統最配合個人的信念。這種購物者模式的後果包括令一個傳統的道德宣稱取決於個人喜好和同意。一個特定宗教比較嚴苛的命令，例如愛敵人或將禮物放在祭壇上，先與有嫌隙的弟兄和好，在受個人意志控制時更容易失敗。例如：我們很難想像大主教羅梅羅（Archbishop Oscar Romero）的生命模樣，如果他的主要關注是「跟隨他的喜好」。

13 參 Abraham Maslow, *Motivation and Personality*, 3rd ed.（Boston, MA: Addison-Wesley, 1987）。有時稱為「馬斯洛金字塔」，這個自助研討會的標準肯定反映一些事實——否則我們怎樣解釋它的受歡迎程度？——雖然它可能充滿中產階級的假設。不過，我們其中一人的兒子在到洪都拉斯鄉間貧困的村莊參加醫療服事回來後，因為休斯頓機場那些富有的旅客的粗魯行為而感到震驚，他充滿洞見地反駁了這些假設。他沮喪地說：「爸爸，洪都拉斯人似乎快樂得多，但他們值得快樂的事情卻少得多。」

餐單，讓病人有更多選擇後，誰還可以抱怨？

基督徒和醫生

先談基督徒吧——或者我們想這樣提議。雖然基督徒經過二千年可恥的行為後，浪費了站在道德高地的宣稱；但要那些承認自己敬拜宇宙的主的人，接受消費者利益羣體這個角色，仍然似乎頗為墮落。初期的基督教殉道者接受死亡，而不是向諸神燒香或以皇帝的名義殺人，他們對我們虛假的謙虛會感到震驚。在君士坦丁皇帝（Emperor Constantine）和他的繼任人將事情混淆之前，基督徒明白，他們敬拜被釘十字架和復活的基督，改變了他們所做的一切，令他們在習慣以其他方式行事的世界中顯得特別古怪。[14] 對我們這些現代的基督徒來說，宗教信仰的重要性視乎我們的選擇，我們較不傾向視自己為獨特的。正如我

14 好像培根一樣，君士坦丁的命運應該比成為知識上的代罪羔羊好一點。在四世紀初期的地中海世界這個背景下，君士坦丁承認基督徒無處不在，包括王室政府的高層。歷史資料並不支持教會是健康和一致地純潔——即使偶然受到迫害——這個過分簡化的模式，直到米蘭諭令（Edict of Milan）或者「君士坦丁主義」提出天主教神學和實踐有明顯、急促的墮落。不過，在王室標準上面加上基督的表記（*Chi-Rho*），表示復活的基督祝福帝國和帝國**現時**的行事方式，而不是判斷它們，發現它們有不足之處。雖然教會在後期帝國的社會中明顯帶來很大改變，同樣真實的是帝國也大大改變了教會。關於「君士坦丁主義」對基督徒意識的影響一個有幫助的論述，參 John Howard Yoder, "The Constantinian Sources of Western Social Ethics," in *The Priestly Kingdom: Social Ethics as Gospel*（Notre Dame, IN: University of Notre Dame Press, 1984）, 135～151。

們較早時提出的醫院場景一樣，往往是在「處事的正常方式」失效時，例如死亡臨近等，我們才透過獨特的基督教方式抓緊意義。

用另一個方式表達，很多自稱為基督徒的人，他們很遲才發現，他們的基督教號召他們**神學地**理解自己個人的故事和他們信仰那更大的故事，視上帝、甚至令人更驚訝的是視教會，為比任何個人的抱負或慾望都更大的故事中的重要角色。令基督徒邀請正確的角色進入他們的故事，是我們希望鼓勵的其中一件事情。但在這樣做之前，說明為甚麼我們認為基督徒**可以**在見醫生這個令人誤以為簡單的故事中包含好像上帝和教會這樣古怪的角色，可能會有點幫助。

記得我們是誰和怎樣變成這樣

基督徒可以怎樣重新想像病人與醫生的相遇？正如我們已經提出，任何基督徒的重新想像都應該包括神學地思考這個要求。基督教神學（來自希臘語的「上帝言說」〔“God-speak”〕）是一種語言。正如任何語言一樣，它要求我們在說任何重要的事情前，先學習一些辭彙和語法。

那麼，我們從哪裏開始？首先，基督徒最好記得講述他們怎樣得到現在的身分那個特定的基督教故事。這可能是談及身分的古怪方法，但由於我們的身分是在時間中建立的，我們認為每個基督徒都必須學習講述自己的故事，這故事不是孤立的，而是附帶和依從的，上帝透過我們這稱為「教會」的特定和聚集的羣體救贖創造，而每個基督徒的故事都是這救贖大故事的一部分。將人帶到這個故事中這一項實踐，基督徒稱之為「水禮」。[15] 初期基督徒並不視水禮為只是不明確的儀式或入會程序，而是視它為身分的完全改變。剛受洗的人被稱為「新葡」（“neophytes”，希臘語的意思是「剛種植的」，參提前三 6），「新創造」的成員（林後五 17，NRSV），「與神的性情有分」（彼後一 4）。基督徒在水禮時所穿上的身分，不能孤立地理解；透過水禮的禮儀（身體浸入水裏或將水傾倒在身體上[16]），曾經是個別的身體，在那一刻被歸入基督獨一的身體內（林前六 15，十二 27）。不同的人聚集進這個身體裏，也就是基督的身體，他們彼此也互為肢體（林前十二 12～13；弗四 25）。彼得前書形容新的信徒是建造「靈宮」的「活石」（彼前二 5），但作者也提醒讀者，隨著新身分而來的是新的效忠：「惟有你們是被揀選的族類，是有君尊的祭司，是聖潔的國度，是屬上帝的子民，要叫你們宣揚那召你們出黑暗入奇妙光明者的美德。」（彼前二 9）這表示在水禮後，我們不能繼續按以前的方式行事。我們受洗歸入的巨大故事，對我們也有同樣巨大的要求。隨

15 我們希望以下對水禮的簡短討論，清楚表明我們理解水禮甚至嬰兒水禮，遠遠不單是奇特的命名儀式。正確地理解，水禮有死亡或出生的所有奇特性。心裏記著這點，不同傳統恢復慕道制度，特別是羅馬天主教的「成人基督徒入門儀式」和在嬰兒水禮後提倡有「水禮後的慕道訓練」（*Catechism of the Catholic Church*, 1229～1233），都是最值得歡迎的。

16 希臘語 *baptizein* 的詞根有很多意思，包括「浸入或浸到下面」、「染色」、「沒入」、「沉入」、「淹沒」、「洗浴」（和）「清洗」（*Theological Dictionary of the New Testament*, abridged ed., edited by Gerhard Kittel and Gerhard Friedrich〔Grand Rapids, MI: Eerdmans, 1985〕, 92）。

著這新身分的恩賜而來的是責任。

學習這些新責任，始於學習以不同的方式看事物。水禮轉化我們的視覺，容許我們視別人——實際上是一切創造——為我們現在棲居在其中的故事的一部分（林後五 16；弗一 9～10；來一 1～3）。這個故事告訴我們，創造充滿美好事物，上帝十分關心這個創造，也十分關心我們是創造特別的一部分，所以只要我們尋求服事上帝，便不需要為自己的生命或健康掛心（創一 31；太六 25～33）。我們學到，創造的好處總是從屬於我們對上帝的愛和服事（羅一 19～23；林前八 5～6）。這個世界的好處從屬於對上帝的事奉和上帝的榮耀，是基督教教導的一個不變主題。[17] 創造的眾多好處，包括了我們的生命本身和我們盼望在其中享有的健康。換句話說，健康是一種好處，但不是**惟一的**好處。莫爾曼（Margaret Mohrmann）是神學家和兒科醫生，她這樣評論健康在基督徒生命中的正確地位：

> 健康永遠只能是次要的好處。上帝才是我們絕對的好處：健康是工具性、從屬的好處，只是在令我們能夠成為上帝創造我們成為的喜樂、整全的人，向鄰舍實行上帝呼召我們實行的服事時才是重要的。任何對健康的追求，如果顛覆了這些喜樂和以愛服事的責任，就是追求虛假的神。我們應該向上帝和為上帝而尋求健康，而不是尋求以健康來

17 這裏不可能全面列出創造的好處。有關創造的傳統以及它作為上帝的像的好處一個很好的介紹，參 John Cryssavagis, *Beyond the Shattered Image*（Minneapolis, MN: Life and Light Publishing, 1999）。

取代上帝。[18]

談到健康作為潛在的「假神」或偶像，是我們在進入上帝的故事後學到的古怪語言的一部分，這提醒我們：上帝的良好創造已經遠離了它的創造主。透過基督教傳統所描述的「墮落」，亦即：我們和創造秩序的好處，都不再以上帝意欲的方式服事上帝；我們由此認識創造已偏離了創造主。[19] 與我們往往有的生活方式相反，我們在今生追求的次要好處沒有一樣是純粹或沒有雜質的。它們都「有雜質」，只有局部好處。和我們一樣，它們是墮落的，需要救贖的。身為基督徒，我們承認所有救贖都是來自被釘十字架和復活的基督的恩賜，透過聖靈的能力賜下，而不是透過我們自己的任何努力而得到的。我們透過忠於上帝而與那救贖合作。這忠心的其中一個特點，是正確安排受造的好處，或者正確地安排我們對這些好處的愛，這只是說我們必須學習正確地愛和運用它們。[20] 忠心的基督徒行動，令較高的好處——最高的好處惟獨是上帝——比較低的好處得到更熱烈的愛和追求。只

18 Margaret Mohrmann, *Medicine as Ministry*（Cleveland, OH: Pilgrim Press, 1995）, 15～16.

19 有趣的是，聖經從沒有稱亞當和夏娃的罪為「墮落」，這是一個運動、空間的意象，可能代表對創世記一個柏拉圖式的注釋。同樣，「原罪」隨著奧古斯丁而進入基督教辭彙。我們沒有時間或能力討論對創世記三章的詮釋，以及它對東西方基督教傳統帶來的後果，但我們毫無保留地承認這個詮釋傳統是我們受洗歸入的基督教故事一個權威的部分。為了我們現在的目的，詳細地論述這樣遠離上帝的有效原因，不及教會對這遠離的事實的理解那麼重要。

20 比較 Augustine, *Confessions*, XIII。

要上帝給他們能力這樣做，忠心的基督徒（以及猶太人，因為這些命令是建基於希伯來聖經）先將他們的努力指向愛上帝，然後是愛鄰舍，其他一切好處都從屬於這兩種愛（申六4～5；利十九18；太二十二34～40；可十二28～34；路十25～28）。

要正確安排我們對受造的好處的愛，我們首先承認它們源自上帝。其次，我們承認這些好處本身永遠都不是目的，而是**對**某種其他事物有好處。基督徒相信，那些其他事物不是由個人喜好或意志決定，也不是透過我們自己的努力實現。藉著聖靈的能力，並透過由以色列的百姓——最特別是透過耶穌其人——的故事模塑的踐行，聚集成教會的人學習正確地欣賞創造秩序中真實但仍然是從屬的好處。

第三，諸如照顧羣體中的病人這樣的踐行，必須得到接受、體現和支持。再沒有事情比正確安排我們的愛來得更微妙和複雜，它不能先以抽象的方式學習，然後才付諸實行；正如很少學習彈鋼琴的人在最初幾年只是學習音樂理論，或者只是在掌握了和聲、旋律、力度和節奏等概念後才接觸鋼琴琴鍵。又正如學鋼琴的人從運動感覺來學習音樂，不單透過手指「彈奏」音樂，也透過正確的姿勢、手臂的位置，和更好的是——如果開始學習音樂的人想讀譜——用眼睛看著樂譜而不是自己的手指。基督徒也是透過言語和行為，基督教故事的實質，以肉身活出，來體現他們的信仰。

新約的雅各書清楚表明，信仰的生命必須包括身體的行動：「若是弟兄或是姐妹，赤身露體，又缺了日用的飲食；你們中間有人對他們說：『平平安安地去吧！願你們穿得暖，吃得飽』；卻不給他們身體所需用的，這有甚麼益處呢？這樣，信心若沒有行為就是死的。」（雅二 15～17）[21] 馬太福音中的耶穌，在描述最後審判時告訴我們，我們是透過教會後來稱為「身體的憐憫行動」（太二十五 31～46）決定性地與祂相遇。而路加在結束以馬忤斯的故事時，提出一個不凡的宣稱：那兩個旅人認出復活的主，不是透過耶穌「打開」聖經，而是透過身體的行動，祂是在「擘餅的時候被他們認出來」（路二十四 35）。因此教會的實踐不是一些人曾經視為有益的禮儀性殘餘。它們本身是學校，教導我們一些以其他方式不能學到的事情。[22] 我們藉著做基督徒應該做——有時也確實做——的事情，學習怎樣在世上作基督徒。

21 正因為雅各強調**實踐**個人的信仰，馬丁．路德否定雅各書，視之為「草木禾稭的書信」。因此，很多以後的文本評鑑都強調雅各書在神學上比較不重要，以及成書較晚，但近年這些觀點受到嚴重挑戰（參 Luke Timothy Johnson, *The Letter of James: A New Translation with Introduction and Commentary*, Anchor Bible Series〔New York: Doubleday, 1995〕）。從五百年後回望，或許我們可以從路德的歷史和政治背景來看他的判斷，而又不致將雅各書變成準伯拉糾主義（proto-Pelagian），或者想像雅各以為人類可以自救。

22 有關對初期教會中基督徒實踐和神學之間的相互影響一個富啟發性的介紹，參 Rowan Greer, *Broken Lights and Mended Lives*（University Park, PA: Pennsylvania State University Press, 1986）；Amy G. Oden, *And You Welcomed Me: A Sourcebook on Hospitality in Early Christianity*（Nashville, TN: Abingdon Press, 2001）。Michael Polanyi「內住」這個觀念在這裏也是適切的，正如在以下這個觀察：「基督教的廣大教義框架源自巧妙的努力，在多個世紀中得到支持，將基督徒已經實踐的信仰公理化」（*Personal Knowledge*〔Chicago, IL: University of Chicago Press, 1958〕, 286）。

基督徒羣體怎樣模塑我們與醫藥的相遇

這一切神學與醫藥有甚麼關係？首先，我們提出，基督徒總應該理解自己為屬於一羣聚集在一起的人，是一個稱為基督的身體的羣體必不可少的部分。換句話說，我們實際上永遠都不是單獨去看醫生。這需要一個習慣過程，因為很大部分的醫學專業（或者似乎愈來愈適合稱它為醫學工業或醫學——工業綜合體，雖然這種用語除去很多令醫學良好的東西）都假設醫生——病人的關係是個人與個人的相遇。[23] 病人和醫生受制於付款的第三方、政府規則、醫院網絡和技術的多變限制時，我們繼續這樣想似乎是富吸引力的，這是懷緬一個早已過時的觀念。

但還有些更基本的東西，令我們警覺到在健康問題上「自主的個人主義」是多麼愚昧，那就是人類身體固有的倚賴性。細心思考身體這題目，它提醒我們，身體不單是生物學現象，也是社會現象。肉慾的身體需要氧氣、水、以食物的方式帶來的能量和適當的棲息地方；人們似乎也需要社會交往、觸摸和溝通。[24] 貝里（Wendell Berry）指出：

23 有關這個現象從十九世紀到一九八〇年代的歷史，參 Paul Starr, *The Social Transformation of American Medicine: The Rise of a Sovereign Profession and the Making of a Vast Industry*（New York: Basic Books, 1984）。

24 關於這點的「科學」證據至少可以追溯到十三世紀，據說腓特烈二世皇帝（Emperor Frederick II）進行了一個實驗，決定甚麼語言（拉丁語、希臘語或希伯來語）是人類的自然語言。他安排一羣初生嬰兒由護士照顧，這些護士在嬰兒面前從來都不說話。據報導所有兒童在未說

> 我們的身體參與世界之中。身體的需要、慾望和快樂都是物質的。我們的身體會飢餓和口渴，渴求其他身體，會疲倦和尋求休息，休息完後起來，渴望活動。這一切慾望都可以得到滿足，藉以尊重身體和它的創造者，但只有在考慮到個別身體以外的很多其他東西時才能夠這樣。我們早已知道，個別人的慾望必定不能成為他們自己滿足的標準。我們必須考慮身體與其他身體和世界的多重連繫。[25]

貝里主張，我們從中學到的是，「羣體是健康的最小單位，而羣體的最完滿的意義是一個地方和它的所有受造物，因此，談及孤立的個體的健康是用詞矛盾。」[26]

對基督徒來說，羣體的性質必定是基督教的，是以基督教的方式理解和行動的。正如我們盼望在以後各章顯明，這個羣體對我們為甚麼尋求醫藥照顧和我們從那照顧中尋求甚麼結果，應該與現代醫藥的假設有同樣多的話要說。當然，基督徒，至少是工業化的北美洲的基督徒，不習慣在約見醫生前諮詢他們的「羣體」。我們頗為習慣獨自作出這種決定——為了自己的原因，為了實現自己的目的。我們提出這是我們必須戒除的行為，無論多麼緩慢和肯定會有一點不自

過任何話前都死去。雖然這告訴我們關於中世紀歐洲嬰兒的死亡率，多於告訴我們人類對語言的需要，但它也是驚人的，它幫助我們明白十三世紀的研究人員的「問題的狀況」。考慮到現時人類研究委員會的標準，今天要複製這些結果會是困難的。

25 Wendell Berry, "Health is Membership," in *Another Turn of the Crank* (Washington, DC: Counterpoint, 1995), 91.

26 Berry, "Health is Membership", 90.

在。至少我們可以開始問，我們尋求「健康照顧」的原因，是否承認我們倚靠和虧欠羣體，還是純粹是個人化，甚至潛在地「反羣體」。每年檢查身體，或帶患病的孩子去見醫生，讓他的發燒、頭痛和喉嚨痛得到適當的照顧，肯定承認這種關係，因為人們的健康，根據羣體的理解，是羣體的其中一個好處。不過，因為令人困擾的皺紋而見整容醫生，或者為了「改善性格」而要求醫藥，卻可能比較有問題。[27] 但特別重要的是，我們需要在簡單、沒有那麼迫切的事情上學習這樣思想和行動，因為在真正緊急的時候，實在沒有多少時間讓我們學習。我們在患病或可能快要死亡時，受過訓練以致能夠有適恰當的行動是最為重要的。[28]

無論患病還是尋求保持健康，基督徒與醫藥工業相遇時，永遠都不是尋求特別有效的方法來實現我們自己的目的，我們也不給醫藥工業惟一的權威，讓它決定某些事情怎樣和為甚麼應該做或不做。特別是在我們患病時，我們以受苦的百姓的一部分這個身分來接觸醫藥，希望保持對我們創造主的忠誠，保留權利給我們所屬的那個聚集的羣體，讓羣體根據那位我們敬拜、被釘十字架和復活了的耶穌來判

27 參 Carl Elliott, *Better than Well: American Medicine Meets the American Dream*（New York: Norton, 2003）。

28 醫院的醫生習慣透過「預先支持生命的訓練」和「模擬守則」，在其中為了教導和檢討而模擬緊急的情況，從而為緊急情況作準備。這最好是包括在特別為了這個目的而設計，和真人一樣大的假人身上使用真實的設備。至少那理論是以盡可能接近真實的東西來練習，可以更好地預備團隊應付真正的事件。在新的情況下使用不熟悉的設備會帶來災難。我們再次提醒讀者，沒有預備的基督徒和沒有預備的醫生同樣危險。

斷醫藥常規的目的和手段。[29] 透過我們共同的踐行，甚至我們身體患病的意義也是透過羣體來解釋，正如鮑爾（David Power）指出：

> 在患病的聖禮中，重要的是疾病本身的聖禮性，或許更好的説法是：病人從這患病經驗而顯明的奧祕。換句話説，強調的不是得醫治，也不是得赦免，亦不是預備死亡。強調的是病人，他們透過那經驗，以特別的方式發現上帝，並將這發現向羣體顯明。[30]

正如我們稍後會更詳細地探討，患病的人和他們的羣體彼此增強。邀請基督徒神學地理解健康和疾病，並非表示我們應該抽象地理解它們。我們心目中的相互增強，包括接載朋友到醫務所，替他們取藥，或帶食物給他們，以及坐在牀邊這些單調的任務，如果我們以尊重、憐憫的安靜，而不是充滿陳腔濫調的神學囈語來這樣做，可以是更忠心的。麥克納（Megan McKenna）指出，我們以實際活出的方式分擔彼此的痛苦，而不是將痛苦解釋掉，那將可以更好地見證那被釘十字架的一位的生命：

> 面對生命時，我們必須握著彼此的手，找到彼此相屬，真正在羣體中的感覺。我們守聖禮時，必須首先以肉體來

29 **Patient**（病人）這個詞源自拉丁語 *pati*，意思是「受苦」。

30 David Power, "Let the Sick Man Call," *Heythrop Journal* 19（1978）: 262.

> 守，否則那禮儀會變得淺薄，充滿骨灰和死亡的氣味，而不是充滿聖靈和生命。我們在羣體中歡慶的，必須在我們日常生活中找到歸宿。如果我們膏抹和強化生命，舉起我們羣體中的苦難，我們必須抵擋死亡的所有形式，對抗我們每個人面對的破壞和絕望的力量。如果我們在教會裏按手在世人身上，期望我們羣體中有醫治和整全，我們必須以安慰的話來按手。苦難是通往上帝的路；那是十字架的路。我們必須接受基督的受苦，這苦難持續將世界高舉給上帝，藉著以溫柔和愛接受它，而令它聖潔。[31]

沒有理由假裝這有任何方面是容易的，它也肯定並不「好」。[32] 任何人只要照顧過很老或病得很重的人，都很快便會除去這種過分溫馨的情感。照顧病人要求我們深入身體活出的奧祕，這不單關乎我們當時照顧的人，更是一點一滴地以如果不實際活出便難以描述的方式，關乎整個創造：

> 如果我們按手在來到我們面前的人身上，以油膏他們，祈求他們身體、精神和靈魂得醫治，我們便蒙召將那禱告和

31 Megan McKenna, *Rites of Justice*（Maryknoll, NY: Orbis, 1997）, 162～163.

32 宣稱敬拜被釘十字架的上帝，祂邀請追隨者「揹起你的十字架」（折磨和死亡的殘酷工具）「跟隨我」的宗教，隨著時間過去，被（一些）信徒理解為只是比「成為好人」稍為多一點，實在是歷史中的一大諷刺。D. Stephen Long 解釋為甚麼「上帝並不好」（雖然祂仁慈！），見 *God Is Not ...*, D. Brent Laytham, ed.（Grand Rapids, MI: Brazos Press, 2004）。

> 行動擴展到一切，特別是那些最需要這種愛、照顧和憐憫的。牧養關顧是持續、堅忍、一貫、脆弱、艱難和往往令人抗拒的。實際照顧病人、垂死的人和老人並不容易，但那是成為「給所有傷口的藥膏」（此語出自伊勒桑〔Etty Hillesum〕）。我們都傾向將這種實際的照顧浪漫化，直到我們與它面對面。我們想像那大安慰，並將苦役、混亂和氣味都解釋掉。[33]

這是困難的工作，尤其是若我們想終生堅持下去的話。我們需要很多幫助——這是我們仁慈的上帝聚集我們成為教會的另一個原因。我們都是罪人（現在時態），和耶穌聚集在祂周圍的使徒一樣受傷、愚笨和懦弱。[34] 我們藉著恩典作聚集的羣體，這永遠都不是靠我們自己的努力或意志而做到的，也比我們分開的自我加起來更好。我們一起尋找醫治，透過照顧身體這種帶有異味的行動，將彼此帶進上帝醫治行動的故事中。

很多新約的故事都顯示，尋求醫治作為集體的行動，或者至少是需要醫治的人是在家人或羣體的代表陪同下與醫治者相遇的。其中一個最有趣的故事是迦百農的一個癱子，當時雖然人羣圍著耶穌所在的房子，但那人的朋友沒有因此而退縮，而是拆掉屋頂，用褥子將那人吊到耶穌面前（可二 1～12）。病人被帶到耶穌面前時，耶穌不怕觸摸

33 McKenna, *Rites of Justice*, 161.

34 馬丁路德跟隨奧古斯丁，喜歡說基督徒是“*simil justus et peccator*”，意思是我們同時稱義但仍然繼續經常在對抗罪中跌倒。

不潔的人，祂在醫治事奉中也不以身體的事實為恥，祂甚至用自己的唾液醫治別人（太八 2～4；可一 40～42，七 33～34，八 23～25；路五 12～14）。甚至外邦人也將病人帶到耶穌那裏，正如迦百農的百夫長和他僕人，以及迦南（或敍利腓尼基）婦人的故事顯示那樣（太八 5～13，十五 21～28；可七 24～30）。約翰福音甚至提供一個有趣的反面例子，癱瘓的人躺在水池邊的褥子上，聲稱「水動的時候，沒有人把我放在池子裏」。這至少是對耶穌「你要痊癒嗎？」這個問題一個奇怪的回應。對這個癱子來說，沒有羣體幫助，他似乎沒有真正得醫治的盼望（約五 2～9）。無論他的回答在現代人聽起來是多麼愚蠢，但他知道一些我們最好能夠學懂的事情。

以基督徒的眼睛看醫藥常規

好像聚集的羣體的成員那樣生活還有其他後果。如果我們蒙恩，作為聚集的羣體，比個別自我加起來更好，我們共有的判斷與我們「個人價值觀」相比時，便應該得到同樣的恩典。我們透過我們進入的羣體（在這裏，那個羣體稱為基督的身體）的踐行學懂的判斷，不單是「私人事情」，或背逆傳統智慧。北美洲的人所受的教導，令他們尤其認為宗教思想是一種汽油，最好令它安全地遠離政治的烈火。雖然我們同意基督徒**不**應該要求政府成為基督教政府，但這並非因為我們認為宗教本身是危險、非理性的力量。相反，我們正如奧古斯丁（Augustine）在十六個世紀以前那樣，認為人的城市的政府是粗糙、卑鄙的，不適合帶來上帝的統治。[35] 當然，那統治只能夠由上帝帶來，祂以自己的時間選擇怎樣和何時使用我們的忠誠。用另一種方式表達，就是我們相信恰當的基督徒政治並不涉及選舉合適的人擔任要職，或將世俗法律建基於十誡，而是在有共同信仰和實踐的羣體中成為忠心的基督徒。[36]

關於基督徒羣體與醫藥常規之間的關係也是這樣。由基督徒「接管」美國醫學協會（American Medical Association），幾乎肯定會令事情變得比現在更糟。基督徒的力量是在於羣體忠於願意彼此背負重擔，而他們的力量也應該在於此。聚集的羣體的智慧，令我們能夠對我們共同生活中的健康和「健康護理」的正確位置作出判斷。

35 雖然現代自由的國家不是羅馬帝國，這並不令它免受奧古斯丁在《上帝之城》(*The City of God*) 中對後者的尖刻批評。我們認為自己生活在現代共和國中是蒙福的，無論這樣的國家有多少缺點，但閱讀希伯來聖經令我們清醒過來，在其中上帝給我們那我們不配得的祝福，無可避免地帶來上帝那我們不想要的審判。關於人的城市和上帝之城之間的關係，我們同意——雖然有點保留地——德國的諧韻："*Republikum oder Kaiserreiche; es ist immer die gleiche, immer die gleiche*"（「共和國或帝國，都是一樣，都是一樣」）。

36 例如：參 Stanley Hauerwas的*The Peaceable Kingdom*（Notre Dame, IN: University of Notre Dame Press, 1983）和 *In Good Company: The Church as Polis*（Notre Dame, IN: University of Notre Dame Press, 1995）；以及 Rodney Clapp, *A Peculiar People: The Church as Culture in a Post-Christian Society*（Downers Grove, IL: InterVarsity Press, 1996）；William Cavanaugh, *Theopolitical Imagination*（London: T & T Clark, 2002）；和 Michael Budde and Robert Brimlow, eds., *The Church as Counterculture*（Albany, NY: State University of New York Press, 2000）。

我們也不習慣這樣做，因為我們大部分人都視醫藥行業為「即使是薪酬過高但依然是高尚的職業」；在近期，這職業更著意給「健康護理消費者」他們想要的東西。雖然，我們很高興見到有些醫生至少放棄了一點以神自居的情意結，更願意尊重病人的想法，而不是開出處方，期望病人順從，[37] 但我們懷疑這對基督徒來說只會將事情混淆。醫藥業界似乎毫不批判地採納的消費者模式，假設提供病人想要的東西是衡量成功與否的準則，亦即在健康的問題上滿足消費者。

我們希望我們已經顯示，對受洗歸入基督的身體的基督徒來說，為甚麼我們不應該這樣。對我們來說，健康——假設也包括「健康護理」——是從屬於首先愛和服事上帝，然後是愛和服事鄰舍的好處。我們正確地關心健康，只在於我們的健康容許我們根據古老的公式「認識、愛和事奉耶和華」。歸信的困難及其維時一生之久，部分原因在於一再學習：我們想要的，既不是我們需要的，也不是上帝想給我們的。[38] 可幸的是，上帝沒有要求我們單獨這樣做，而是在羣體中實行，在那有罪、有瑕疵、常感迷惘的羣體中實行。而從耶穌揀選門徒的方式來看，這似乎是祂喜歡的方式。

因此，在回應權威的問題時，我們提議基督徒羣體謙卑

37 正如慣常那樣，建制辭彙泄露的總比它想透露的更多。

38 雅各書總是縮減自利的感情用事，它警告我們，我們追求自己想要的東西，而不是上帝要求我們的東西時，我們的行為是多麼可鄙：雅各書四章 1 至 10 節。

地給自己權利：根據羣體而不是醫藥來判斷現代醫藥。[39] 我們小心地使用**謙卑**這個詞，一方面明白教會的判斷只是臨時的，這些判斷本身必須不斷根據基督的真理接受判斷；另一方面，我也知道聚集的羣體在面對「專家」時是多麼懦弱和卑恭。稱為教會的羣體犯錯，既包括不承認自己的罪，不為自己的罪代贖；也包括對自己有重要的事情告訴世界缺乏信心。[40] 因此，我們必須走這兩個錯誤之間的狹窄小路，運用在我們一起的生命中體現出來，我們共同的傳統和故事中最好的部分。從這個謙卑和權威的立場，我們可以開始探討我們在與現代醫藥相遇時可以帶來甚麼判斷。在接著的一章，我們會提出，如果我們要正確理解（並因而忠心地運用）現代醫藥，我們必須將它理解為新約所說的「執政及掌權的」的其中之一。

39 後現代主義那不純粹的祝福的一部分是讓人有機會看到「科學客觀性」的宣稱——無論是來自人類努力的哪個範疇——至少是比以前人們假設的更不穩定。

40 我們在這裏也有目的地使用**重要**這個詞，因為教會要向世界顯示的是十字架和我們釘在上面的耶穌。

第二章
為醫藥的掌權的命名

在前一章，我們提出在嘗試理解現代醫藥時所面對的其中一個困難：我們的文化對權威那種普遍的矛盾情緒。我們這個民族討厭和抗拒權威——除非，也就是說，我們相信我們可以利用權威來得到我們想要的東西。但在我們更深思的時刻，我們可能想懷疑，那些慾望來自哪裏，以及實現它們是否值得付出有關代價。

關於權威的問題意味著關於權力的問題。有些哲學家甚至宣稱，權力是所有人類關係中不能縮減的一面，我們在這裏不打算挑戰這論點。在每次人類交往中，一方的意志強加在另一方身上，若非總是存在的話，就是永遠都有可能發生。無論在現代、自由的文化（好像我們的文化那樣）與極權社會，這都同樣真實。在諸如我們這樣的文化裏，有權力的人合法地將自己的意志加諸別人身上，不是藉著強迫，而是藉著同化，說服別人相信他們這些有權力的人是知識和技能的管家，為了所有人的好處而運用這些知識和技能。[1] 換句話說，我們將權威賦予我們視為有能力的人和機構，很大程度上是因為我們相信，對於世界怎樣或可以怎樣，他們知道我們不知道的事情，而這些事情會改善我們的生活。[2] 我們稱為現代醫藥的複雜運作慣例尤其是這樣。

對於醫藥在現代社會中所運用的權力，已經有很多相關著作。[3] 我們給醫生和醫藥工業的其他代表巨大的權力，不單因為我們害怕患病或不喜歡患病，也因為我們確信這些人，而且只有這些人，知道關於我們身體的一些事情，是對我們的健康不可或缺的。我們相信他們雙手、藥物和機器中握有生和死的權力。正如我們在第一章指出，這種尊崇往往不是錯誤的，因為這些人為我們做幾乎是法術一般的事情，保存我們的性命，幫助我們更好地運作，是如果沒有他們的幫助，我們不會或不能夠做到的。

不過，我們往往同時對給予醫藥和它的代表那麼多權力感到十分矛盾。我們感到矛盾，不是因為我們不信任這些

1 關於這種權力的一些論述的討論，特別是在它與醫藥有關時，參 Joel Shuman, *The Body of Compassion: Ethics, Medicine and the Church*（Boulder, CO: Westview, 1999）, 28～44。

2 培根的名言「知識就是權力」（*Meditationes Sacrae*, 1597）表示行動、改變事情的權力。培根（Francis Bacon）透過他的《大復興》（*Great Instauration*）明確提出這點，同時堅持這種行動必須由仁愛推動。如果我們的「知識」只是指脱離行動的一套事實，這種知識產生的權力，無論動機多麼好，都似乎是可疑的。完全掌握自己孩子有甚麼需要的母親，如果從不回應那些需要，至少也會被視為疏忽。

3 例如：參 Howard Brody, *The Healer's Power*（New Haven, CT: Yale University Press, 1992）。

人，而是因為在將我們的生命交託他們時，我們強烈察覺到自己的脆弱。在我們最軟弱的時刻，我們發覺自己倚靠一羣相對陌生的人，倚靠陌生人使我們困擾，他們在我們生命中存在，是由一個複雜而且通常是沒有面目的官僚機構所致，而這倚靠令我們感到害怕。

這一點十分重要，值得更明確地再次提出：我們對醫藥的權力感到不安，主要不是因為懷疑代表這行業的人的能力或動機。可以肯定的是，有很多醫生、護士和治療師，他們的品格可疑、自我膨脹、溝通技巧差勁，但他們的數目很可能不會比同樣糟的律師、神職人員、水喉匠或大學教授多。很多在我們患病時照顧我們的人不單十分有技巧，更比我們仁慈和有憐憫之心。但我們仍然經常無端不安——如果不是對他們個人，就是對他們代表的權力感到不安。

醫藥在現代社會中行使的全面社會權力，比其代表者的個人意志所擁有和運用的權力加起來還大得多；我們對那權力的不安，不單是基於對醫生和護士的不信任。我們提出，令我們不安的是醫藥本身，**醫藥**不單賦予一羣受過一套照顧病人的實踐訓練的專業人士名號，也賦予一種神祕而看似有機體活生生的社會力量名號。我們經驗到這種力量比它的從業員、他們的工具和技術以及讓我們接觸他們的行政系統加起來的力量更大。我們經驗它是可感知的，幾乎是有生命的。我們開始這樣理解醫藥時，看到它似乎有一種創造性能力。簡單來說，我們發現醫藥創造自己的世界。那些想從醫藥的能力中得益的人，需要活在醫藥的世界，服從它的法則；而由於這世界往往與我們習慣的世界十分不同，我們在那裏感到不自在。

要明白我們這樣宣稱的意思，或許最好的方法是透過莫爾（Lorrie Moore）一個令人困擾的短篇小說〈這裏只有這樣的人：兒童腫瘤科的標準嘮叨〉（"People like That Are the Only People Here: Canonical Babblings in Peed Onk"）[4]。莫爾講述一對比較世故而中產的父母，他們那仍在學行的兒子的腎臟患有惡性腫瘤。他們經過安排兒子接受醫治的必須步驟時，發覺自己被拉進一個陌生的新世界。最初知道自己孩子生病時，這對父母感到震驚，充滿無助感。想到自己的兒子可能會死，母親問道：「自己的力量來自哪裏？某種哲學？某種呆板的小哲學？她既不勇敢也不現實，對基本觀念也感到困難，例如說事件只會沿一個方向移動，不會跳起來、轉彎、將自己帶回這樣的觀念。」（頁 219）換句話說，她與我們大部分人十分相似，很少有時間，或者很少在意花時間，思想我們或我們所愛的人是多麼脆弱。

對於自己的脆弱的可怕，這對父母能夠找到的惟一避難所，是為兒子尋求治療時遇到的醫藥人員那種十分自信的專長。這對父母與一個忍受相似考驗的「羣體」分享這個避難所。那母親想到：「最終你都是獨自受苦。但在開始時，你與一大羣人一起受苦。你的孩子患癌時，你被送到另一個星球：那裏有禿頭的小男孩。那就是兒童腫瘤科。」（頁

4 Lorrie Moore, "People like That Are the Only People Here: Canonical Babblings in Peed Onk," in *Birds of America* (New York: Picador USA, 1999)。下引這故事時只標頁數不另標註。

224）

敍述者在這裏使用的直率語言無疑是經過小心選擇的。因為雖然兒童腫瘤科為父母提供一個喘息之所，讓他們逃避最糟的恐懼，他們對它的經驗卻並非全然正面的。母親很快便發現，兒童腫瘤科不單是互相支持的臨時羣體，不單是醫院中的一個地方，而是一種平行宇宙。它是一個有本身的語言和邏輯（也就是它的「標準嘮叨」），有本身的禮儀實踐，和本身的社會期望的世界，沒有進入它的奧祕的人不能期望理解它。「你要先用抗細菌的肥皂液洗手三十秒，才能夠進入旋轉門。你在鞋上套上紙拖鞋。你低聲說話。整個地方的設計和佈置都成為你的噩夢。你的噩夢就在這裏發生。我們為你預備好一個房間。」（頁 224）[5]

居住在兒童腫瘤科的人彼此相似，這種相似超越他們的共同脆弱性和對孩子的好處的關注。他們不單衣著相似，說共同的準技術語言，還似乎在扮演角色，彷彿是精心策劃的戲劇中的演員，這戲劇有時是悲劇，有時是喜劇，但總是強烈的。那母親的其中一位朋友說：「這裏每個人都那麼友善。這裏有人不實行這一切不真實、編寫出來的樂觀嗎？——還是這裏只有這樣的人？」（頁 243）

5　現代醫院那些禮儀化、準宗教的行為進一步給醫藥一種權力的氛圍，以及從疾病和痛苦中得「拯救」的應許。正如我們在前一章指出，Stanley Hauerwas 建議：「如果你想感受一下中世紀天主教是怎樣的，只需要加入主要的醫學中心。你會發現拜占庭政治的典型例證往往連繫到全盛時期的教宗權力」（引自 *Dispatches from the Front*〔Durham, NC: Duke University Press, 1994〕, 27）。

在這個世界中擔負的角色是那麼相似，以致不需要有個人的名字。我們見到「母親」、「嬰孩」、「丈夫」、「腫瘤科醫生」和「外科醫生」這些通稱，兒童腫瘤科中，只有兩個病人和一個父親保留了能資識別的名字。與「外面世界」的連繫是異乎尋常、零碎和疏離的：由醫院提供的「禮貌線路」（"courtesy line"）致電給朋友，朋友建議生另一個孩子，「作為繼承人和候補」；聖誕歌在等候室的喇叭播出，怪異地與《驅魔人》（*The Exorcist*）的主題音樂有點相似；獨自在裝飾得俗艷的酒吧渡過苦惱的晚上，酒吧以彈尤克里里琴（ukulele-strumming）的流行歌手小提姆（Tiny Tim）的名字命名。

兒童腫瘤科的世界拉扯父母，嘗試將他們擠進它的模式中，令他們——尤其是母親——感到離奇地矛盾。一方面，她為醫護人員的知識和技術以及他們給她孩子的幫助而心存感激，畢竟如果沒有他們，她的孩子會在幾個月，或許甚至幾星期內死去；但另一方面，她感到兒童腫瘤科的「現實」中缺少一些東西，一些她不大能夠說清楚的東西。「丈夫說：『那是現代中產醫藥在現代中西部遇到現代中產家庭。』」（頁222）母親剛來到這個世界，並不接受這事。當她兒子的一個醫生，那個腫瘤科專家，給她機會放棄手術後的化療這種標準的做法，而改用更保守的取向時，雖然那只是實驗的，但她也滿懷感激地歡喜接受。她感到釋然，因為至少有一段時間，她不單可以脱離治療性療程的幽靈（這種療程令她的兒子不適、脱髮和容易受感染），也可以脱離一個陌生的世界

（這個世界藉著堅持要她成為她既不是，也不準備成為的人，從而控制她）。

眾神和醫生

莫爾的故事令我們感興趣，不是因為它嚴厲地譴責現代醫藥——它沒有這樣做——而是因為它描述一種衝突，是我們認為基督徒在進入現代醫藥世界時應該開放自己去經驗的。正如我們在第一章指出，在那個世界，人們經常求告上帝的名字，但那些方式卻很少能夠令基督徒在患病之中更忠心地生活。最近《新聞周刊》（*Newsweek*）一篇文章報導說，醫藥世界給予上帝愈來愈多空間，並指出美國超過一半醫學院都提供處理靈性問題的課程。在那篇文章中，一位提倡醫藥應對宗教更敏銳的主要人物提出，由於「愈來愈多證據」顯示，信仰可以在恢復和維持健康上扮演重要角色，「將靈性排除在診所外是不負責任的」。[6]

我們不願意否定這個宣稱，但我們發覺它對我們的關注，也就是令我們可能更忠心地以基督徒的方式運用醫藥，並沒有多大貢獻。經驗顯示宗教行為有助健康，醫藥行業也相應地利用這些行為來為它自己的計劃服務。現時，研究信仰和醫藥的文獻，大部分都似乎暗示我們應該將靈性（或宗教）帶進門診的世界，在需要時配合那個世界的目的，並且按需要調整，服役於門診世界的目的。現在基督徒大都滿

6　Claudia Kalb, "Faith & Healing," *Newsweek*, November 12, 2003, 47.

足於他們的傳統被這樣命名和徵用，因為這傳統得到認可，或至少是得到注意而心存感激。[7]不過，我們相信這令事情倒退。應該由基督教替醫藥命名，並駕馭醫藥力量，使之為在世界忠心地見證上帝的工作的羣體服務，這才是對的。[8]因為只有當基督徒學懂正確地為世界及世界上的事物命名時，我們才能夠正確地運用那些事物。而只有在我們能夠正確運用世界時，我們才可以盼望興旺。

在執政及掌權的中間為醫藥命名

我們提出的是，如果基督徒要忠心地使用現代醫藥的大量資源，他們必須首先學習正確地為現代醫藥命名。所謂**命名**，我們指正確地將醫藥辨別為以某種方式屬於受造物的領域。我們主張我們可以將現代醫藥準確地理解為（或至少可比作）新約作者（特別是保羅）所說的「執政及掌權的」。[9]這

7 某些基督徒願意以由醫藥決定的方式參加現代醫藥的計劃，與某些基督徒高度推崇榮格（Carl Jung）相似。人們宣稱榮格的心理學理論容納宗教信仰。雖然榮格的著作肯定有洞見和智慧，但我們提出在 *Memories, Dreams, Reflections* 中出現，以及主導 *Answer to Job* 的那個不值得信任、妒忌和簡直令人毛骨悚然的上帝，可能促使基督徒深入思想榮格實際上給予信仰一種怎樣的接納。

8 以宗教實踐來服事比上帝和上帝聚集的羣體次要的東西——聖經稱這種過犯為偶像崇拜——有悠久和災難性的歷史，基督徒最好不要忘記：聖戰、對猶太人的大屠殺、殖民主義、種族歧視，甚至所謂德國的基督徒令自由派基督教屈從於納粹黨。這一切都是這種遺產的代表。

9 關於這種思考醫藥的方式，我們特別得益於 Ross Smillie，她幾年前在杜克大學（Duke University）一個關於醫學倫理學的研討會中向我們其中一人提議這種思考方式。

樣為醫藥命名，不是將它妖魔化，而是約束它，令它成為一種工具，有助我們追求人類與上帝的友誼這終極的好處，這好處是透過我們正確地學習愛，和特別是學習**崇拜**，從而實現的。

雖然新約作者使用執政及掌權的這種語言時絕對不是單義的——溫克（Walter Wink）稱它為「不準確、流動、可以互換和沒有系統」[10]——但它在主題上是一致的。這語言源自猶太天啟著作的思想世界，並建基於一個信念，相信我們日常經驗的世界，由於遠離創造主，加上其後的腐敗，正處於「消逝」的過程中。最終，這個世代——用聖經的比喻是這「現時的黑暗」——會消失，由上帝統治的新時代取代。現在，那些由上帝聚集的人的任務，是盡可能好像新時代的公民那樣生活。保羅在哥林多後書五章17節稱這新時代為「新創造」，它的成員要見證上帝成就祂那將來的國度這工作。不過，這樣的生活會在很多方面令基督徒顯得古怪，因為世界——也就是創造中拒絕承認上帝的統治的那部分——仍然在它自己製造的假神控制之下。正如奧康納（Flannery O'Connor）曾經警告說：「你們會認識真理，真理會令你們古怪。」

「執政及掌權的」這個觀念，在這個體制中發揮功用的其中一個方法，是描述那些可見和不可見，個人和非個人的制度性力量，這些力量提供必須的秩序或「結構」，在上帝的救贖工作達到高峯前的時間，使共同的人類生命可能出

10 Walter Wink, *Naming the Powers: The Language of Power in the New Testament* (Philadelphia, PA: Fortress, 1984), 9.

現。[11] 政府、政府機構和任何其他有高度組織的人類活動，都可以恰當地稱為掌權的。關於這樣理解聖經的用法，尤達（John Howard Yoder）提供了一個十分清晰的論述，是我們會依從的：

> 對現代讀者來說，最能夠說明這種語言的複雜性，很可能是默想「結構」這個詞現時在美國英語中的多個不同意思。有時它指特定的人或機構網絡，是能夠作決定或施加壓力的，正如「權力結構」這個詞組。我們使用這個詞組時，它可以指一羣為人所知或可以找到的人……在其他時候，「權力結構」不是那麼可見，但人們同樣肯定它存在……還有些時候，「結構」只存在於分析它的人的思想中……在所有這些和更多方式中，我們還可以加上，**「結構」這個觀念用來指向超越或先於或調節我們可以即時看到的個別現象的模式或規律性。**[12]

聖經作者似乎經常將掌權的和執政的連繫到邪惡，甚至魔鬼的活動；保羅曾經暗示，是掌權的要為耶穌的死亡負責（西二 15）。但重要的是，要留意——特別是在我們這本書的背景下——這些作者視掌權的為：既不是

11 Hendrik Berkhof 提出，保羅在談及制度性和政治掌權的時，也談到墮落的天使掌權的及魔鬼掌權的，其重要性在於他想強調這些實體的共通之處，那就是：「這些掌權的影響地上的生活。」Hendrik Berkhof, *Christ and the Powers*（Scottdale, PA: Herald Press, 1977）, 19。

12 John Howard Yoder, *The Politics of Jesus*（Grand Rapids, MI: Eerdmans, 1972）, 139～140，粗體格式為我們所加。

絕對良善，也不是在本質上不可挽回地邪惡。[13] 根據溫克，新約講述掌權的和它們在世界上的角色的故事，是作為「三幕同時上演的戲劇：掌權的是好的，掌權的是墮落的，掌權的會得到救贖。」[14] 掌權的是好的，因為它們是上帝良好創造的一部分。歌羅西書的作者在列出根據基督的旨意而存在的事物時，也包括掌權的於其中，他解釋說「因為萬有都是靠他〔基督〕造的，無論是天上的，地上的；能看見的，不能看見的；或是有位的，主治的，執政的，掌權的；一概都是藉著他造的，又是為他造的」（西一 16）。上帝藉著在受造物的領域中保存相對公平及有時和平的秩序，令掌權的服事上帝和上帝的受造物。我們可以假設，沒有它們，事物不會好像它們應該那樣發揮作用，我們也不能發現或追求共同的好處；正如尤達說，我們以十分真實的方式「不能沒有它們而生活」。[15]

不過，我們同時也不能完全忍受掌權的，至少不能作為上帝統治下的忠心公民而這樣做。[16] 和其餘的受造物一樣，掌權的是墮落的，是脫離創造主的，因此他們也脫離創造主對他們的意圖。這分離是源於人的罪；無序的人類慾望

13 關於新約執政及掌權的這種語言的歷史來源一個很好的論述，參 G. B. Caird, *Principalities and Powers: A Study in Pauline Theology*（Eugene, OR: Wipf and Stock, 2003）。

14 Walter Wink, *Engaging the Powers: Discernment and Resistance in a World of Domination*（Philadelphia, PA: Fortress, 1992）, 65.

15 Yoder, *Politics of Jesus*, 146.

16 Yoder, *Politics of Jesus*, 146.

——它本身是一種「掌權的」[17] ——令我們拜偶像，以只有創造主配得的方式和強烈程度來愛受造物。而掌權的擁有好像意識的東西，十分樂意接受我們的諂媚，從而參與我們的墮落。凱爾德（G. B. Caird）說：「人們將次要和派生的高舉到有絕對價值的地位，而藉著接受他們的崇拜，統治者也參與他們的罪。」[18] 掌權的由於似乎給予人類社會明顯的好處，在人類意識中有近乎神的地位。這種諂媚使那向以色列、耶穌和教會的上帝所作的正當敬拜變得腐敗。[19] 人類不單倚靠墮落的掌權的，也受它們束縛，被捆綁在它們上面，而且——如果你願意的話——更受到它們奴役。正如尤達解釋說：

> 它們從而奴役人和他的歷史。人被捆綁在它們上面；「奴役」實際上是新約用來描述人在基督以外那失喪狀況的其中一個主要詞語。人受制於甚麼？正是那些生命和社會必須的價值觀和結構，它們取得偶像的地位，成功令人將它們當為絕對價值那樣服事它們。[20]

17 我們感謝 Alex Sider 提示我們留意基督教使用「掌權的」這種語言的豐富歷史。雖然詳細討論那歷史超出了本書的範圍，值得指出的是，這種語言在使徒時代後期從基督教中消失了，到了四世紀後期在加帕多家教父的著作中重新出現，他們用它主要不是指世上的掌權的，而是指人類靈魂的掌權的。只是在二十世紀，這種語言才再次明確地用來指社會政治領域。不過，正如我們在這裏提出，這兩種用法很可能是互有關連的。

18 Caird, *Principalities and Powers*, 9。也參 Berkhof, *Christ and the Powers*, 30。

19 Berkhof, *Christ and the Powers*, 32.

20 Yoder, *Politics of Jesus*, 144.

因此，掌權的對人類意識和人類生命的影響不一定是暴力的；相反，它往往採取欺騙和引誘的形式，說服人們相信掌權的控制通往人類興旺的路，並決定人類的興旺。而由於我們的墮落，我們對興旺的理解陷入了自私自利之中[21]——也就是不明智的自戀——我們很容易這樣被說服。正如柏克富（Hendrik Berkhof）說：「跟我們因為與上帝敵對而遭受的混亂相反，在掌權的之下生活是可以容忍，甚至良好的。」[22] 換句話說，我們樂意與偽裝為神的掌權的合作，因為我們的偶像崇拜表面上給我們短暫的利益，那些利益包括掌權的容許我們，有時也令我們能夠繼續生活。掌權的給我們生命；但它們給予的生命最終可能與我們的安好有衝突，因為它是建基於一個謊言之上。

在受掌權的束縛的偶像崇拜以外的另一個選擇，是正確地敬拜上帝。所謂**敬拜**，我們不單指基督徒在主日早上在教會所做的事，而是指由在主日早上一再重述和重演的基督教故事所模塑的整個生命取向。[23] 由正確敬拜上帝模塑的生命，並不指望消滅掌權的或者忽略它們，而是正確地運用它們，以最可能的程度，以它們彷彿再次透過拿撒勒人耶穌的生命、死亡和復活而從屬於上帝的方式對待它們。[24] 根據歌羅西書的作者，透過十字架，耶穌「將一切執政的、掌權的

21 Nicholas Lash, *The Beginning and the End of "Religion"* (Notre Dame, IN: University of Notre Dame Press, 1996), 37.

22 Berkhof, *Christ and Powers*, 34.

23 我們這個對崇拜的論述取自 Daniel Hardy, "Worship as the Orientation of Life to God," *Ex Auditu* 8 no. 2 (1992): 55～71。

24 Yoder, *Politics of Jesus*, 147.

擄來，明顯給眾人看，就⋯⋯誇勝」(西二 15)。因此，我們在基督教的中心找到一種反諷。在掌權的以為它們能夠除去以生命對它們的權力帶來最深刻挑戰的那一位時，祂卻打破它們對人類那偶像般的控制。

> 祂「將它們明顯給眾人看」。正是在釘十字架時，掌權的那真正本質顯露出來。以前它們被接受為最基本和最終極的現實，為世界的眾神。以前從沒有人看見，也不能看見，這個信念是建基於欺騙。現在真神在基督裏出現在地上，掌權的明顯敵視祂，不是祂的工具而是祂的敵人⋯⋯很明顯，「沒有一個這個世代的統治者」——他們讓人們將他們當為神一樣崇拜——明白上帝的智慧，「他們若知道，就不把榮耀的主釘在十字架上了」(林前二 8)。現在他們因為與真正的上帝相遇而被揭露為假神；讓眾人觀看。[25]

掌權的的最終命運是被拿撒勒人耶穌的十字架救贖。不過，關於掌權的，基督徒的主要任務是抵抗它們的引誘，因為雖然它們已經被打敗，但仍繼續拒絕在事物的整體計劃中肩負它們正當、從屬的地位。[26] 不過，這種抵抗絕對沒有排除基督徒與掌權的聯繫。「因此信徒的對抗從來都不是

25 Berkhof, *Christ and the Powers*, 38.

26 Caird 在這裏是有幫助的，他在 *Principalities and Powers* 解釋說，掌權的得救贖，好像基督徒得救贖一樣，是由十字架帶來(頁 28)，而那救贖或拯救，「總是過去的事實，現在的經驗，和將來的盼望」(頁 81)。

對付那些秩序，而是為上帝對它們的意圖而戰，並對抗它們的腐敗。」[27]

對尤達來說，這表示一件事，那就是「教會的存在是她的主要任務」。因為那存在「本身宣告基督是掌權的的主，教會開始從它們的主宰中得釋放」，耶穌打敗了掌權的，基督徒羣體藉著它身為基督的身體而忠心地存活於世上，向世界顯示那打敗。[28] 柏克富或許說得最好，他說：「藉著她的信仰和生命，基督的教會給掌權的的主宰**非不證自明**這個標籤。她是那旋轉柵門，阻止人們回到以前文化那些不自覺的理所當然。」[29]

學習抵抗和約束醫藥的掌權的

這一章還有兩個任務要完成。首先，我們必須顯示一些方式，可以合法地將現代醫藥算為執政及掌權的；第二，我們必須提出一個一般的方案，讓基督徒抵抗和約束現代醫藥的掌權的，這個方案會在以後幾章詳細闡釋。柏克富所說關於基督徒審問和克服「以前文化的理所當然」的重要性的話，是開始第一個任務的好地方，因為它提醒我們，醫藥跟其他世俗文化一樣，我們身為基督徒，也是存活於其中，它們不單是「在那兒」。雖然醫藥有了不起的成就，而且大致有善意的面孔，我們找到和經驗的醫藥，仍然是墮落的世界的產

27 Berkhof, *Christ and the Powers*, 29；粗體格式為原文所有。

28 Yoder, *Politics of Jesus*, 153.

29 Berkhof, *Christ and the Powers*, 44.

物，這個世界至少部分地叛逆上帝。因此，醫藥的好處雖然不少，但卻不是絕對的。所以基督徒必須審慎地使用它們。

不過，誰準備好對抗而不是默許醫藥的掌權的？我們應該從哪裏開始？可以肯定的是，要接觸現代醫藥，需要透過一個龐大、複雜的行政系統，和一種只有行內人才懂的語言；所以，醫學知識對我們大部分人來說都顯得神祕。要解除這些神祕性，可能需要花很多工夫，去揭示醫藥的典型行事方式那矛盾的本質。其他人已經肩負起這個任務，我們不想在他們從事這重要的工作時潑他們冷水。[30] 不過，我們認為基督徒最好處理一些更基本，或許也較不明顯的事情。我們主張，醫藥主要在掌權的中間發揮作用，藉著佔據一個受尊崇的社會地位，透過這地位似乎對生命和死亡有近乎全權的控制。當代北美文化與基督教的一個共通點，是視死亡為敵人，我們懷疑所有文化都是這樣。在當代北美文化，醫藥如果不是追求打敗，至少也是追求阻止死亡的不可避免。大部分活在當代北美文化中的人都明白，他們或他們所認識和愛的人的生命，都以某些方式是因為現代醫藥才得以保存。而且，為了這事實而心存感激是完全恰當的。不過，感激與崇拜或效忠並不相同，而崇拜或效忠或許更能夠描述我們社會對醫藥的一般態度。醫藥的野心是藉著令人類的生命和死亡受人類控制，從而控制人類生命和死亡的環境，這種野心是沒有任何明顯限制的。每年人們都投資數以十億元計的金

30 例如：Michel Foucault, *The Birth of the Clinic*（New York: Vintage, 1975）和 Ivan Illich, *Medical Nemesis: The Expropriation of Health*（New York: Pantheon, 1976）。

錢去做研究，最終的目的是從人類存在的生物環境中除去意外，但似乎很少人有興趣問，這個目的是否適合受上帝護佑的受造物，或者這目的在多大程度上適合這樣的受造物。

我們必須在這裏重申重要的一點：掌權的與臣服於掌權的那些人的慾望之間有基本的相互關連。控制生命和打敗死亡的醫藥計劃對我們有吸引力，不是單單因為醫藥迫使我們接受這個計劃，甚至可說主要不是因為這原因，而是因為在靠近我們自己失序的慾望的中心地帶的，是對我們自己會死的否認和控制一切的渴望。醫藥工業肯定想我們相信它為了我們的好處而運用這種權力。例如：想一想設計來應付諸如禿頭、性無能或焦慮等衰老狀況的廣告怎樣每天轟炸我們，這些廣告的信息明顯是「你**需要**這些產品才能夠快樂」。但這些廣告成功，也是因為它們完全配合我們文化的精神，這種精神因為我們毫不質疑地避免自己的脆弱而得到生產和再生產。麥吉爾（Arthur McGill）提出，這種文化「最重要的任務」是「創造一個活的世界，在那裏死亡似乎是不正常和偶然的」。在這樣的世界：

> 生命是那麼完滿，那麼安穩，那麼充滿可能性，以致沒有任何關於死亡和匱乏的暗示。在這裏，我們有由死亡在生命以外，生命是我們應該為之而活的惟一好處這個信念加諸我們的第一個倫理責任。根據這責任，個人必須嘗試以一種方式生活，以致自己不會帶著死亡的記號，不會展示任何關於生命失敗的暗示。個人必須嘗試以自己的存在證明生命並不必然包括失敗。失敗是意外，是系統中可以補

救的故障。[31]

令醫藥成為死亡的權力的主要傳達者的計劃，明顯在某些方面是宗教性的，如果我們所謂的**宗教性**與愛的特定對象有關，而我們的生命以這些對象為中心。拉施（Nicholas Lash）強調，在這個意義上，所有人都具有宗教性，因為所有人「都將心放在某處，視某些事物為神聖，在某個祭壇敬拜」。[32] 拉施繼續提出，雖然人心很少安頓在單一的對象上，當代「宗教」獻身的對象可以包括「一些信念和實踐，用來保護……我們太害怕，不願意提及的事物；或者保護我們認為自己和其他事物是誰，或者怎樣理解自己和其他事物是誰的直覺、偏見和信念」。[33] 可以肯定的是，在這種文化中，其中一個這樣的對象，是我們個人身體的完整和活力。麥吉爾總結說，正是這樣：

> 如果我們就美國的宗教提問，你可以看到我必須得出的結論。美國人視為最終和絕對的現實來崇拜的神，就是死亡的能力。在這裏，我並不是用「神」這個詞來指在耶穌基督裏顯明的神性。我以更開放的方式使用這個詞，用它來稱呼人們相信是最終、終極的現實，這現實控制著他們的生命。很多美國人（雖然全心委身於成功和抵抗的倫理學）

31 Arthur C. McGill, *Death and Life: An American Theology* (Philadelphia, PA: Fortress, 1987), 18.

32 Lash, *Beginning and the End*, 21.

33 Lash, *Beginning and the End*, 20.

> 仍然相信死亡是最終的現實，會最終和永久地決定他們的存在。[34]

重要的是，要明白至少在我們未踏進墳墓前，死亡仍然是可怕的，而實際上它是可畏的事物。很少人好像亞西西的聖法蘭西斯（St. Francis of Assisi）在臨死前那樣，準備好迎接「我們的姊妹——身體的死亡」。即使是法蘭西斯，也需要一生的禱告和踐行，才能在他的頌歌中加入「死亡姊妹」，為了並透過**所有**創造，而不單是那些溫暖和舒適的事物來讚美上帝。耶穌自己在死亡的現實（拉撒路墳前）和死亡的預期（客西馬尼園）中哭泣。基督徒不能厭惡身體，因為正如我們已經指出，那是上帝良好的創造；他們也不能歡迎死亡，單視之為靈魂脫離肉身的囚牢。[35] 保羅呼應先知以賽亞，在對身體的最終命運——復活——的詳細討論結束時呼喊：「死被得勝吞滅／死啊！你得勝的權勢在哪裏？／死啊！你的毒鈎在哪裏？」（林前十五 54 ～ 55）但基督徒對死亡的勝利是**透過**死亡贏得的勝利，而死亡很少沒有苦難伴隨，而苦難的預期——遠較它現在的現實——更引發恐懼。

人們往往引述二十世紀猶太神學家赫舍爾（Abraham Joshua Heschel）的話：「存在本身已經是祝福；生存本身已

34 McGill, *Death and Life*, 39.

35 有關對這種諾斯底傾向一個簡短而有趣的駁斥，我們推薦 W. H. Auden 後期的一首詩，“No, Plato, No,” in *Collected Poems*（New York: Random House, 1976）, 669。

經是神聖。」但詩人跨越多個世紀回應說，上帝「的慈愛比生命更好」(詩六十三3)。那矛盾只是表面的；要明白它，我們再次向奧古斯丁求助，他提醒我們，愛的正確次序——*Ordo Amorum*——是我們的忠心生活所必須的：生命是好的，死亡是可怕的，但上帝的慈愛——以及我們以生命回應那愛——必須是我們首要和最高的關注。只有在上帝聚集的百姓中間，只有藉著上帝的恩典，我們才能夠令這成為我們生命真實的部分。莫爾曼本身是醫生，她在醫藥實踐的處境下暗示這種次序的重要性：

> 首先，我們可以給我們的工作一種平衡和一個視角，這視角只能夠從知道健康永遠都只是次要的好處而來。上帝是我們絕對的好處；健康是工具性、從屬的好處，健康重要只是因為它令我們能夠成為上帝創造我們成為的喜樂、整全的人，以上帝呼召我們的方式服事鄰舍……第二，我們必須察覺到，對健康的偶像崇拜在多大程度上代表失去信任。這信任包括：由於有合理的照顧，相信我們自己的身體可以帶我們經過人生；相信上帝供應的食物；以及提供食物給我們的人等。[36]

對比起來，我們生活在其中的世界既「崇拜」死亡，以它作為終極的現實；同時又視它為幾乎是與今生不相容

36 Margaret Mohrmann, *Medicine as Ministry* (Cleveland, OH: Pilgrim Press, 1995), 15 ~ 16.

的。由於現代世界，如果不是在言語上，也是在實踐上，拒絕信任在基督裏啟示的上帝拯救我們脫離死亡，那些得到力量保存生命和活力，阻止或控制死亡的人，在現代文化中被理解為：他們代表好像神一樣的能力，如果他們不是真的擁有那能力的話。[37] 這不是因為這些人自視過高，而是因為我們給他們所代表的權力的社會意義。墮落的掌權的這樣運作：它們與那些利用和倚靠它們的人那失調的胃口合作，容許我們不視它們為上帝的工具，而是視它們為神，就是這樣。在很大程度上，它們成功，是因為它們應許解救我們（而上帝卻似乎不願意或不能夠）脫離某些意外這種邪惡。[38]

當然，死亡不是我們尋求脫離的惟一意外。一般來說，我們不願意忍受任何不愉快事件發生在我們身上。我們其中一人是養父，我在我兒科工作中接觸到好些因為不同原因而收養孩子的家庭，很多被領養的孩子都是來自美國以外的地方。我和其他人在「收養醫療」（adoption medicine）這新興

37 自稱為基督徒的人和驕傲的世俗主義者同樣犯有這種傾向。Vigen Guroian 引述 Philippe Aries 和 Sherwin Nuland 的著作宣稱：「即使自覺地有宗教信仰的人也傾向以一種他世性（other-worldliness）來回應死亡，這種他世性暗示對上帝護佑一種減弱了的信仰，以及完全沒有對恩典的感覺……在很多情況下，照顧垂死的人的藝術讓位給不惜一切代價拯救生命的藝術。〔Nuland〕補充說，這種拯救生命的新科學很大程度上是關於醫生需要控制一切，而病人需要感到有人控制一切。」引自 *Life's Living toward Dying*（Grand Rapids, MI: Eerdmans, 1996）, 12～14.

38 這裏，參 Gerald McKenny, *To Relieve the Human Condition*（Albany, NY: State University of New York Press, 1997）。

行業中提供的其中一種服務，是在養父母決定是否接受某個孩子前，審核孩子的醫療資料。關於被領養的孩子的家庭、出生或病歷的資料，由充足全備到毫無紀錄都有，視乎孩子來自哪個國家而定；雖然，有時即使資料充足，那些資料也往往互相矛盾，而且沒有結論，令人擔心。只要孩子仍然在外國，便有很多關於他們健康的問題是根本回答不了的。將父母與特定孩子的需要配對起來是重要的任務，因為並非每個父母都預備好照顧嚴重弱能的孩子，無論這些父母多麼願意和慈愛。

大部分表達這種關注的準養父母這樣做，是因為他們合理地關注自己有沒有能力照顧有已知、複雜的醫療問題的孩子。不過，(我根據從全國各地的醫生寄來的電郵判斷)，少數人堅持排除所有缺陷，然後才願意接受某一個孩子。他們這樣做表達了我們社會不願意與意外和不完美為伍，特別是我們孩子的意外和不完美。雖然醫藥仍然不能提供這種程度的肯定，但它似乎正朝這個方向走，正如現代由「生殖醫藥」朝計劃懷孕、產前診斷(隱含的假設是選擇性墮胎是對發現不完美的恰當回應)以及最終的「設計後代」發展可以見證那樣。無論我和同事多麼不喜歡這種態度，我們也是它的同謀，因為我們對抗疾病所用的工具，製造一種印象：只要有足夠的時間和科技，我們甚至連意外也可以克服。我遇見的所有父母都希望以自己的孩子為榮。有些以孩子克服了出生時的缺陷或疾病的限制為榮，有些以孩子渴望學習或幫助別人為榮。不過，少數父母只能夠以與消費主義文化的期望一致的成就為榮，這種態度不大容許多少空間給預期不到的醫學問題。[39]

這種看法令為人父母變成甚麼也好，總之不是歡迎陌生人的危險行為，我們的文化沒有怎樣實踐視生兒育女為歡迎陌生人這個觀念。輔導初為父母的人之時，無論是養父母或其他父母也好，我往往告訴他們，為人父母的第一法則是「不是由你控制」。我們以為，基督徒應該已經從我們共有的故事中學會這個教訓；不過，為人父母——頗像發覺自己會在明天早上被吊死那樣，很能夠令思想集中——提供一個有幫助的提醒。在這個詞語的每一個意義上，為人父母令所有有幸接受這責任的人**痛苦地**察覺及經受意外。身為父母的我們仍然在生時，孩子會患病，甚至面對死亡。我們往往無助地面對這些情況，不能做任何事情帶來改變。面對那種意外時，誰不會受到試探，甚至要牢牢抓著虛幻的控制？

在盼望中承受意外

在關於執政及掌權的的重要著作中，凱爾德在聖經敍事——先是猶太教，然後是基督教——裏留意到，關於怎樣思想上帝與意外的關係，特別是在我們稱為「自然」世界中

39 特別是在關於我們孩子的時候，我們的文化朝自主的個人主義走這種總趨勢，以及專業社會服務機構的興起，都肯定有助這些現象出現。雖然提出現在由各種社會工作者扮演的角色，以前是由朋友、鄰居和親人擔任，是過分理想化、簡單化和不公平的想法，但現代的模式肯定與使徒行傳提供的模式不同，就這方面來說，也與歷史記錄中基督徒羣體的幾個歷史例子不同。

出現的意外，有一個漸進的轉變。但在這個轉變期間維持不變的，是亞伯拉罕和摩西的上帝也是「歷史的主」這個基本信念。[40] 身為歷史的主，上帝在敘事中被描述為普遍地主宰意外，無論是在人類的本性中還是在自然世界中。不過，同時「總有頑抗的元素，拒絕被帶到神聖的主宰之下」（頁57）。這些「頑抗的元素」被理解為罪，最終也被明確闡述為罪；並帶來一個猶太教和基督教的觀念：神聖的創造主以及良善、但已經墮落的創造，既是不同的類別，他們之間的關係亦已受到破壞（頁 59）。

在新約，這種不相稱愈來愈多地被描述為一個終末的難題，也就是說，有這樣一個深刻的含義：人類生命和自然世界中那不受控制的剩餘部分，只會在將來的世代，在上帝的國達到高峯時才會變得完美，並完全臣服於上帝。正如凱爾德指出：

> 值得順帶留意的是，創造的神話在啟示錄的象徵中扮演重要的角色。天上的水晶海代表所有阻止人去到上帝寶座的東西。獸從海中出來，牠既戲仿又篡奪上帝的權威。好像以色列人面前的紅海，天上的海分開，讓殉道的人羣經過，進入應許地的保障。渡過那海後，他們高唱摩西和羔羊之歌⋯⋯而當上帝的勝利完成時，天上之城便顯露，在其中再沒有海。（頁 62）

40 Caird, *Principalities and Powers*, 55。此後引用此書只標頁數不另標註。

在保羅的著作中，猶太（和基督教）關於創造的終末救贖的天啟關注，與流行的希臘—羅馬文化展開對話，這文化深受希臘哲學的關注影響。凱爾德解釋說，希臘的重大哲學關注是「在經驗的多重事實中發現統一」，這種關注源自「他們用來看改變和腐朽的現象的現實主義」（頁 73）——也就是說，他們十分關注在一切活著的東西最終會變老、患病和死去的世界中找到意義。凱爾德相信，保羅視神祕宗教為掌權的之一。這些宗教興旺，正是因為它們宣稱能夠提供這種意義。

凱爾德強調，我們閱讀保羅關於人類脆弱，特別是那些處理他自己的軟弱和脆弱的思考時，應該視之為這對話中的一把聲音。在哥林多後書中，保羅詳細談及這些事情，說他得到「一根刺加在我肉體上，就是撒但的差役要攻擊我，免得我過於自高」（林後十二 7）。凱爾德相信保羅在這裏是指一種慢性疾病，一種狀況，這位使徒奇怪地同時視它為與上帝終極的意圖不相容，但又是上帝的恩賜。（頁 75）保羅說：「為這事，我三次求過主，叫這刺離開我。他對我說：『我的恩典夠你用的，因為我的能力是在人的軟弱上顯得完全。』」（林後十二 8～9）保羅能夠將自己的疾病與似乎是不能相容的結論連在一起，不是因為他扭曲地認為疾病對他是好的，而是因為他確信，在等候上帝的救贖工作達到頂峯期間，可以耐心地忍受身體上一些不愉快的意外。這救贖工作在拿撒勒人耶穌的十字架和復活中實現（頁 77～78）。

這種耐心的等候絕對不是被動的。它不是放棄盼望，也不是簡單地將盼望投射到將來的生命。我們很難**根據原則**說甚麼意外必須耐心地忍受，甚麼需要以上帝給我們的資源攻擊和克服；但我們可以說，醫藥仍然是我們可以為之感恩的其中一種工具。但要視醫藥為促進基督徒(因而也是人類)興旺的工具，我們需要學會視我們的身體和健康為上帝的恩賜。在接著兩章，我們會談論這是甚麼意思，提出身體的生命受造，是要依從一個自然規律，由成胎走向死亡，[41] 而視我們的身體為上帝的恩賜，便是尊重和接受這規律。

41 我們從 Gilbert Meilaender, *Body, Soul, and Bioethics* (Notre Dame, IN: University of Notre Dame Press, 1996) 借用這個觀念，他形容身體有「自然的歷史」。

第三章
生命作為身體

神學與醫藥有甚麼相干？[1] 我們希望上兩章已經說明，作為掌權的，醫藥想我們相信對這個問題的答案是「十分少」! 醫藥的專門語言和它控制一切的承諾，說服很多基督徒相信事實就是這樣，令他們容許人們用為醫藥的目的服務的方式敍述身體和人類的關係。但講述——或閱讀——故事，有不止一種方法。

我們其中一人曾經聽過朋友描述賣座電影《芭比的盛宴》(*Babette's Feast*)[2]。對那朋友來說，這個故事是關於食物。更具體地，它是關於透過美味的食物和飲品，讓肯定生

1 學習古代基督教歷史的人會看到這個問題的藍本是特土良對基督教變得倚賴希臘哲學提出的批評。那個批評是：「雅典與耶路撒冷有甚麼相干？」雖然特土良明顯想聽到這個問題的人回應說：「沒有甚麼相干」，我們重述神學和醫藥的互相參與，卻要求一種不同的回應。

2 *Babette's Feast*, 由 Gabriel Axel 編劇和導演（New York: Orion Classics, 1988）。

命的感官享受，勝過垂死、極度保守的更正教教派那些否定生命的方式。我有夠後現代得以致能接受她的詮釋，這講法或許是合理的，所以當時沒有提出反對。她似乎享受講述這個故事，就好像享受她在說話時一再添飲的增芳德葡萄酒（Zinfandel）一樣。

實際上，我不單不同意她對酒的選擇，也不同意她的詮釋。可以肯定的是，那齣電影是關於食物，[3] 但那是好像《羅密歐與茱麗葉》（*Romeo and Juliet*）是關於青少年對異性的吸引力一樣。可以肯定的是，有這個主題，但還有很多其他東西。[4]

在丹森（Isak Dinesen）的故事中，芭比．埃爾桑（Babette Hersant）是一對年老姊妹的法國廚師兼女管家，她們的父親在挪威沿岸一條名叫貝勒沃格（Berlevaag）的村莊建立了一個路德會的隱修羣體（電影將這個市鎮放在丹麥）。芭比曾經是巴黎安格拉斯餐廳（Café Anglais）的著名主廚，於丈夫和兒子在巴黎一次暴動中去世後，她逃離法國。經過十二年

3 電影改編自由 Isak Dinesen 寫的短篇小說。小說源於在英國一次晚餐時由某人提出而寫成的。那個人挑戰作者賣一個故事給 *Saturday Evening Post*，還說如果她選擇「關於食物」的題材，美國讀者會更感興趣。這件文學軼事在 Ron Hansen 的文章 "Babette's Feast" 中講述，收錄在 *A Stay against Confusion*（New York: HarperCollins, 2001）中。順帶一提，用 Isak Dinesen 作筆名的 Karen Blixen 在打賭中輸了。*Post* 和 *Good Housekeeping* 都退回那個故事。一年後，二十世紀其中一篇最出色的短篇小說在 *Ladies' Home Journal* 中出現。

4 當然，我們可以將《羅密歐與茱麗葉》很好地拍成青春影片，這齣電影由 Franco Zeffirelli 在 1968 年拍成。我們也可以將它拍成關於暴力的戲劇，好像 Baz Luhrmann 在 1996 年的電影那樣。但兩者都沒有窮盡戲劇的完滿。

平靜而忠心的服務，為接受兩姊妹救濟的人預備鱈魚塊及艾爾啤酒麵包湯（ale-and-bread soup）後，芭比贏了一萬法郎彩票。兩姊妹以為她會帶著贏得的財富回到法國，但令她們驚訝的是，芭比提出要求，這也是她十二年來的第一個要求：為羣體的領袖，也就是兩姊妹已故的父親，誕辰一百週年紀念預備一頓晚餐。芭比實際上提出了三個要求：讓她預備晚餐，那需要是法國晚餐，而且由芭比獨自支付那晚餐的開支。兩姊妹同意了。但她們看著古怪的瓶子、一箱一箱的雀鳥和一隻甲魚在晚餐前先後送到，感到愈來愈擔心。她們害怕自己同意了某種靈感來自天主教的撒旦儀式，兩姊妹向僅餘的八個會友尋求意見。結果決定繼續讓芭比預備晚餐，但為了與宗派那些以靈性為焦點和否定肉體的實踐一致，他們不會說任何關於食物或飲品的話。他們會進食，但會拒絕品嘗食物，更肯定不會享受食物。

但他們的計劃並不成功。多年以前曾經追求其中一個姊妹但以失敗告終的勒文耶爾姆（Lowenhielm）將軍，現在回到這個地區，他在最後一刻接到出席晚餐的邀請。他驚訝地發現，單純的鄉下人吃喝法國美食和美酒，彷彿他們一生中每星期都這樣做；而當地人則發覺自己的舌頭得到解放，自己對良好和神聖的時刻的記憶得到恢復，舊時的損失帶來的痛楚和仍未癒合的傷口都得到醫治。受到「世上最高貴的酒」啟發，將軍發表了一篇簡短的演講，內容竟然是關於恩典：

> 我們在為生命作抉擇時顫抖，在作抉擇後又因為害怕抉擇錯誤而顫抖。但終有一刻，我們雙眼睜開，我們看到並明

> 白恩典是無限的。朋友，恩典對我們的要求，只是要我們懷著信心等候它，並懷著感激承認它。[5]

晚餐完結時，參加者準備回家，他們得到轉化，而且頗為迷惘：

> 從黃屋子出來的賓客雙腳搖晃，有點蹣跚，他們突然坐下，或向前倒下，雙手著地，身上蓋著雪，彷彿他們的罪真的被洗得白如羊毛，在這重獲的無罪衣飾中，他們好像小羔羊一樣蹦跳……他們跌倒，爬起來，繼續走或站著不動，**身體和靈都手牽手**……[6]

最後所有人都走了，兩姊妹問芭比甚麼時候回法國。她告訴她們：「我不會回巴黎」，她解釋說她已經花光那一萬法郎去支付剛才那頓晚餐。姊妹其中一人因為她那樣慷慨而感到震驚，責備她說：「你不應該為了我們而花費自己所有金錢」。

她答道：「為了你們？不，我是為了自己」。[7] 她向兩姊妹解釋說，身為藝術家，她永遠不會貧窮。雖然她失去了很多，但透過與這兩姊妹和他們的羣體那奇怪的關係，她有機會「盡她最大的努力」。對芭比來說，那晚宴不是捨己的行

5 引自 "Babette's Feast," in *Anecdotes of Destiny and Ehrengard* (New York: Vintage Books, 1993), 52。

6 Hansen, "Babette's Feast," 54～55；粗體格式為我們所加。

7 Hansen, "Babette's Feast," 57.

動，而是傾出愛和天分，不是作為責任，而是作為喜樂。

正如我們已經指出，故事還有很多其他意思。或許我們那位喝紅葡萄酒的朋友不知道的是，《芭比的盛宴》充滿美妙而隱晦的聖餐意象。讓我們提出一件往往被人忽略的事作為例子。晚宴的主菜是芭比．埃爾桑著名——至少在上流社會中——的鵪鶉酥（*Cailles en Sarcophage*）。在電影版本中，這是整隻烤鵪鶉精美地配以油酥圈。*Cailles en Sarcophage* 直譯的意思為「棺材中的鵪鶉」。機警的讀者會記得以色列人在曠野漂流時，上帝不單以嗎哪，也以一大羣鵪鶉給他們作食物（出十六 13）。*Sarcophage* 等同英語的 sarcophagus（石棺），這個詞將兩個希臘詞語結合起來，意思是「食肉者」。當然，墳墓在我們死後吞噬我們的身體，但正如我們會看到，我們在聖餐中辨別、吃和成為基督的身體。將軍因為看見在這張簡單的餐桌上奉上這道菜而感到驚訝：

> 勒文耶爾姆將軍轉向坐在他左邊的人說：「這是鵪鶉酥啊！」那個人正在聽著別人描述一個奇蹟，漫不經心地看著他，然後點頭回答說：「是的，是的，當然是，還會是甚麼？」[8]

這個故事雖然簡樸而優美，但卻太豐富，不能簡化為寓言，可是，細心營構的聖餐暗示，邀請我們進行神學觀察，是基督徒正確地理解和使用醫藥所不可或缺的。在這裏，我

8　Hansen, "Babette's Feast," 51.

們關注的是芭比那喜樂的恩賜，是白白給予至令人吃驚的；而且將軍明白，對這樣仁慈的舉動，我們只需要以信任和感激來回應。如果芭比的技藝指向上帝，而將軍的感激表示一種特定的人類回應；或許這個故事可以教導我們，在生命的各方面，包括食物和醫藥，我們怎樣回應上帝的恩典。

那麼，我們可以學到甚麼？上帝既是創造主，也是藝術家。[9] 基督徒崇拜為三一的上帝並不需要創造宇宙，因為上帝已經在完美的關係——一位上帝中的三個位格——中存在，並以這種關係存在。但上帝仍然創造，原因就好像芭比預備盛宴一樣：純粹是白白給予的藝術、愉快的工作。而且，三一這個基督教的奧祕清楚表明，上帝的本性是關係。[10] 由於人類按著上帝的形象受造為男人和女人（創一27），根據基督徒的理解，所有人都必定是有關係的，先是以受造物的身分與創造主有關，然後以同為受造物的身分彼此有關，最後與其餘的創造有關，我們因創造而喜悅，生命也倚賴創造。我們認為，人類的虛榮損害上帝的恩賜，已經得到充分表明。上帝仍然呼召我們進入恰當的關係中，是基督教信仰的一條信條。

9 對那些不怕將上帝想像為藝術家的人，參 Thomas Schmidt 的 *A Scandalous Beauty: The Artistry of God and the Way of the Cross*（Grand Rapids, MI: Brazos Press, 2002）和 Dorothy Sayer 的經典著作 *The Mind of the Maker*（New York: Harcourt Brace, 1941）。

10 四世紀的加帕多家教父形容三一的各個位格之間的關係是互滲互存（*perichoresis*），「圍著跳舞」。現代女性主義對上帝作為關係的詮釋，可以在 Elizabeth Johnson 的 *She Who Is*（New York: Crossword, 1994）和 Catherine LaCugna 的 *God for Us*（New York: HarperSanFrancisco, 1991）中找到。

我們在這裏使用**恰當的（proper）**而不是**正確的（right）**這個形容詞來描述我們與上帝的關係。**Proper** 來自拉丁語的 *proprius*，意思是「個人自己的」，暗示每個人與上帝的關係的獨特性，但也暗示它永遠不能脫離個人。在這種特別具體的交流中，含糊和虛幻的「屬靈」語言是沒有地位的。*Proprius* 也是 **propriety**（合宜）這個詞的詞根，表示我們的獨特性和特定性總是在關係中找到，而且是給予別人，並由承認別人的獨特性和尊嚴的行為調節。令我們與上帝有「恰當」的關係的元素，包括承認我們自己是受造物，我們的存在有賴上帝，我們沒有甚麼特別以致本身必須存在。我們因為上帝的喜悅而活，也為了上帝的喜悅而活——並不是因為我們任何人將自己的工作做得特別好。

因此，學習成為基督徒，某意義上是學習視生命的一切為恩賜。說：「起初上帝創造天地」（創一 1），是承認宇宙是上帝的恩賜。[11] 即使在人類遠離上帝時，那些恩賜仍然繼續。正如亞西西的法蘭西斯指示修士說：「謙卑地乞求施捨吧。不要感到羞恥，因為在罪之後，我們得到的一切都是施捨，而最大的施予者慷慨和仁慈地施予給所有人，包括配得和不配得的人。」[12]

身為創造中墮落了的一員而活於遠離上帝的境況，我們可能懷疑愛滋病毒、癌症或海嘯可以是甚麼恩賜，我們也與杜斯妥也夫斯基（Dostoyevsky）的伊凡．卡拉馬助夫（Ivan

11 我們知道有些學者將創世記開始的希伯來詞組（*Bereshit barah*）翻譯為「在創造的開始」。這個解讀沒有減損創造那完全白白的施予。

12 來自 Thomas of Celano 的 *Second Life*。

Karamazov）一樣，問兒童在受苦時，上帝怎可以是良善的？[13] 無辜者受苦，對那些宣稱敬拜慈愛的上帝的人提出一個嚴重的挑戰。不過，現在這些問題愈來愈不是邀請人們有成熟的信仰，而是作為一個藉口，讓人免除上帝對人的要求。在冒著過分簡化的危險下，我們在這裏指的要求，是在生活中與上帝和整個創造有恰當的關係，無論那創造現在多麼有瑕疵；以及以那種方式生活要求我們必須經受的痛苦轉化。有些基督徒，他們對抗自然和人為的苦難，不是撇除他們相信那一位慈愛的上帝而行的，反之，他們正是因為他們相信一位這樣的上帝而這樣行，這些基督徒也包括醫生、護士和治療師。這顯示伊凡．卡拉馬助夫的挑戰有嚴重的限制。對某些人來說，在面對苦難時，參與慈愛的上帝的生命，不是接受苦難為無可避免，或致力消除苦難這樣簡單的事情；而是一個複雜的挑戰，以十分特別的方式同時做這兩件事情。

對敬拜被釘十字架的主的人來說，接受上帝，要求他們接受無辜的受苦：兒童在兒童腫瘤科死去，阿爾茨海默氏病（Alzheimer）患者被成年的子女遺棄，蘇丹的母親不能夠供養家人。德國維茨堡（Würzburg）的大教堂以實物提醒我們這個基督教的現實。教堂中殿旁邊的壁龕拱門豎立了一

13 在《卡拉馬助夫兄弟》和很多其他著作中，杜斯妥也夫斯基都好像尼采（Friedrich Nietzsche）、梅爾維爾（Herman Melville）和狄金森（Emily Dickinson）一樣，雖然生活在十九世紀，但卻直覺到二十世界的模樣。二十一世紀那些仍未完全放棄關於意義的問題的人，很大程度上仍然使用十九世紀作者關於意義的語言，因此也使用他們關於意義的範疇。

個很大的十字架。基督受到重創的身體有一些憔悴、哥德式的特點，祂雙眼注視著觀看的人，雙手從十字架的橫木以擁抱的姿勢向外伸出，邀請參觀者進入。不過，這個耶穌雕像在伸出雙手時，手上仍然帶著將祂釘在十字架上的釘，那些釘嵌入祂手中。如果不感受折磨耶穌的鐵釘，便不能進入那擁抱。上帝在肉身中慈愛的擁抱必定涉及進入那肉身的痛苦。對基督徒來說，我們就是這樣成為上帝想我們成為的人。[14]

擁抱一個受傷的世界不是一種宗教被虐狂的形式。留心的基督徒知道世界已經有過剩的痛苦。透過具體的關懷，擁抱痛苦是由恩典帶領的，對世界現況的回應，積極地承認即使在我們自己受傷時，我們也必須包紮別人的傷口。我們的回應本身就是向上帝獻上感恩和榮耀。記得在約翰福音中，門徒問耶穌，那生來瞎眼的人是因為他的罪還是他父母的罪而受苦。耶穌回答說：「也不是這人犯了罪，也不是他父母犯了罪，是要在他身上顯出上帝的作為來。」(約九 3) 在馬太福音二十五章，我們知道我們會在最卑微的受難者中遇到基督，而那些給予回應的人會得到上帝祝福。

耶穌十分熟悉詩篇，祂明白詩人在向上帝說話時往往轉

14 方舟團體（L'Arche）的創辦人范尼雲（Jean Vanier）在 *Becoming Human*（Toronto: Anansi, 1998）中描述這個過程。Tracy Kidder 的 *Mountains beyond Mountains*（New York: Random House, 2003）描述「健康伙伴」(Partners in Health) 的創辦人法默 (Paul Farmer) 怎樣發現明確的神學語言可以充分表達他的「人道工作」的動機。我們會在第六章多談一些關於法默醫生的事情。

向哀歎——甚至提出強烈要求。詩篇反映一種對苦難明顯的熟悉，顯示請求、懇求上帝和與上帝爭辯怎樣可以是讚美的其中一種形式。以色列在與創造主摔跤時得到自己的名字，在禱告中，它將上帝的良善和世界的苦難同時連在一起。基督徒由上帝的恩典嫁接到這棵好樹上，在承認一切都是恩賜時，最好也向天呼喊。

甚至我們接受那些恩賜的能力也是恩賜，這能力首先倚靠接受上帝生命的恩賜。但「生命的恩賜」永遠都不是純粹抽象的，它也不是我們可以藉著捐血或在申請駕駛執照時簽器官損贈卡便可以給予別人。生命是上帝的恩賜，總是在特定、個別，但必然是倚賴的形式下被賜予的，因為人類在身體中，透過身體，並以身體生存。[15] 我們以身體參與上帝良好的創造：觸摸和被觸摸，愛和接受愛。身體受苦或出問題時，令我們停下來，休息，有時去見醫生。身體本身是恩賜，應該以信心和感恩來接受，雖然它有各種限制和缺點。如果我們在醫藥的掌權的面前要對恰當的關係有任何認識，我們必須開始明白我們的傳統對身體有甚麼話說，首先要考慮猶太和基督教在聖經和初期教會的著作中怎樣理解物質的身體，然後恢復將聚集的教會理解為基督的身體。

15 Margaret Mohrmann 醫生思考聖經關於這個問題的經文，發覺沒有聖經經文説上帝創造任何稱為「生命」的東西：「上帝以前和現在創造活物⋯⋯除了在活物中體現的以外便沒有生命」(*Medicine as Ministry*〔Cleveland, OH: Pilgrim Press, 1995〕, 22～23)。

身體是好的？

肉身是好的

道成了肉身是好的，
　　那出生，乳房的乳汁是好的，
　　那餵養、撫摸和休息是好的，
　　身體認識世界是好的，
道成了肉身是好的。

身體認識世界是好的，
　　感覺陽光，大地的努力，
　　感受，感知，裏面和周圍，
　　身體是好的，由搖籃到墳墓，
道成了肉身是好的。

身體是好的，由搖籃到墳墓，
　　成長和年老，奮發，受損；
　　快樂地穿衣，或可愛地赤身，
　　上帝在我們肉身中的快樂是好的，
道成了肉身是好的。

上帝在我們肉身中的快樂是好的，
　　渴望棲居在一切中，正如棲居在耶穌裏，
　　喜悅擁抱，以舌嚐，以鼻嗅，
　　身體是好的，為了好處也為了上帝，

道成了肉身是好的。[16]

雷恩（Brian Wren）的聖詩既十分正統，又令人不安甚至反感——至少對現代的基督徒是這樣。當代作曲家雷德福（J. A. C. Redford）在他的聖誕清唱劇《歡迎所有奇蹟》（*Welcome All Wonders*）中收錄了雷恩的一首樂曲。在清唱劇首演時，一些自稱為基督徒的人對這個選擇感到疑惑，他們問雷德福：「你當時在想甚麼？」[17] 誰能怪責他們呢？「肉身是好的」？聖保羅不是說我們與「肉身」搏鬥嗎？

我們可以暫時回應說：「只是在誤讀保羅時他才是這樣說」。保羅將 *sarx*（flesh；即肉身）和 *pneuma*（spirit；即靈）進行強烈的對比，特別是在羅馬書和加拉太書；將肉身連繫到律法、罪和死亡，將靈連繫到上帝統治的新創造中的生命。因此，驟眼看來，保羅似乎提出，基督徒生命包括拒絕（或至少輕視）我們在身體中活，並透過身體而活的生命。如果你願意的話，也可以說這是真正的生命。但雖然保羅關心肉身和它的死亡，他仍然好像一世紀地中海的猶太人那樣思想和行動，認為耶穌實現了猶太人的彌賽亞應許。換句話說，他不是原始笛卡兒式的二元論者，守衛肉身和靈之間——或者正如笛卡兒（Descartes）說，身體和精

16 來自 Brian Wren, *Bringing Many Names: 35 New Hymns*（Carol Stream, IL: Hope, 1989）, no. 16. Copyright © 1989 Hope Publishing Company。獲准轉載。

17 來自與 Ken Myers 的訪問（*Mars Hill Audio Journal* 41, Nov.～Dec. 1999）。

神之間——的哲學界線。[18] 對保羅來說，身體仍然是上帝良好創造的一部分，也是上演上帝救贖活動的劇場。令他批評肉身的是人們活出身體的**方式**。

詳細論述保羅對**肉身**這個詞的使用，需要用一本書的篇幅。但值得提出的是，基特爾（Kittel）的《新約神學辭典》（*Theological Dictionary of the New Testament*）肯定保羅藉著將「肉身」連繫到律法、罪和死亡，不是表示物質的身體無足輕重，或者忠心是包括了逃出「身體」的領域。基特爾用五句簡短的話總結保羅對 *sarx* 這個詞的用法：

- 人類由與上帝的關係限制。
- **救恩並不在於從物質退到靈性。**
- **肉身不是分離以及本質上是壞的領域**，只是在對它抱放蕩或條文主義態度時它才變壞。
- 肉身作為遠離上帝的錯誤傾向，似乎成了控制的力量。
- 透過基督得拯救，意即在作為上帝的恩賜而活出的生命中，從塵世的目標得釋放。[19]

正如第四個主張提出，甚至肉身也可以作為執政及掌權

18 再次，我們想避免找人作知識上的代罪羔羊。笛卡兒不是那問題，而是西方對在受造世界中關於思想、靈魂和身體的相對地位那深刻的混亂的病徵。我們提出，笛卡兒和他同代的人，透過文藝復興和宗教改革時期的哲學這條途徑，從晚期中世紀經院哲學繼承了這混亂。

19 *Theological Dictionary of the New Testament, Abridged*, edited by G. Kittel and G. Friedrich（Grand Rapids, MI: Eerdmans, 1985）, 1005；粗體格式為我們所加。

的之一，而我們在前一章看到，這表示受造是良善的，但墮落了，並需要救贖這三重的故事。因此，我們身體的肉身是另一個「混合」的良善，至少自從「墮落」開始就是這樣，正如保羅告訴羅馬人，「我們在等候得到收養，身體得救贖時，在內裏歎息」(羅八 19，NRSV)。

雖然一直都是忠心的猶太人，但保羅和當時大部分地中海東部的人一樣，用希臘語寫作，這為他帶來語言上的困難。古希臘人用兩個不同的詞語來指人類的肉身：*sarx* 通常翻譯為「肉身」；*soma* 則翻譯為「身體」。聖經的希伯來語沒有區分這兩個觀念，希臘人卻有這種區分。我們再次轉向基特爾，找出對這種區分的總結：

> 希伯來人沒有特別的詞語用來指身體，而說希臘語的猶太人必須在 *sarx* 和 *soma* 之間作選擇。保羅採用 *soma* 來指我們的受造性，指我們居住、相信和事奉的地方。不過，對保羅來說，*soma* 也指與上帝和與別人的關係，而不是自足的個人性。如果羣體作為基督的身體是自足的單位，它是在作為被釘的主的身體而相互服事中才是這樣。[20]

事實上，保羅對身體的評價十分高，甚至用它來作為教會這個聚集的基督徒羣體的基本比喻(羅十二；林前十二)。實際上，保羅寫給十分迷惘和沮喪的哥林多教會的第一封信，包括對身體的詳細思考，從十一章考慮那些不

20 *Theological Dictionary of the New Testament*, 1148.

「辨別那身體」的人不配地守主餐開始，一直延續到十五章討論復活中那榮耀的身體。[21]

保羅受到妥拉（Torah）教導，知道上帝對創造的基本態度，包括人類的身體按上帝的形象受造，是表示身體是十分好的（創一31）。而且，保羅透徹地閱讀妥拉，以致知道我們永遠不能視肉身為自主的皇宮或靈魂的囚牢。在一節包含大量神學，而且充滿詩意的經文，他（和我們）讀到：「耶和華上帝用地上的塵土造人，將生氣吹在他鼻孔裏，他就成了有靈的活人」（創二7）。在修訂標準譯本（RSV）中的人，在希伯來語是 *ha-adam*（人類），與「地上的塵土」構成雙關語，「地上的塵土」在希伯來語是 *ha-adamah*。耶和華上帝吹生氣入塵土，將地上的受造物轉化成活的存有（living being；譯按：《和合本》作「有靈的活人」）。氣息在希伯來語是 *ruach*，這個詞好像希臘語的 *pneuma*，同時表示「風」和「靈」。「活的存有」是 *nephesh*，同時是「靈魂」和「存有」，雖然這個希伯來語比希臘語 *psyche*（靈魂）更重物質。詩人、小説家兼農夫貝里——本身也是務實的人——總結這個神學洞見：

> 創世記二章7節提供的公式不是人=身體+靈魂；那裏的公式是靈魂=塵土+氣息。根據這節經文，上帝沒有創造身體，然後將靈魂放進裏面，好像將信放進信封一樣。祂

21 對保羅在哥林多前書使用的「身體語言」一個很好的處理是 Dale Martin 的 *The Corinthian Body*（New Haven, CT: Yale University Press, 1995）。Martin 解讀保羅時留意修辭學，也熟悉二十一世紀的醫學文本。

> 用塵土造人，然後藉著將祂的氣息吹進裏面，令塵土有生命。塵土形成人，變得有生命，並不**給**靈魂**身體**；而是**成為**靈魂。「靈魂」在這裏指整個受造物。因此人性在亞當裏面給予我們，不是作為兩個不同的部分，暫時黏合在一起；而是作為單一的奧祕。[22]

這個語言學練習的目的是驅除一個錯誤的假設，這個假設認為基督教傳統教導說，我們是被拘禁在身體裏的靈魂，希望掙脫，得到自由。人們仍然談及「保持身體和靈魂合一」，或者輕聲說一個年長的親戚的「身體捨棄他」。想像一下，如果基督徒重拾他們的猶太根源，將靈魂理解為塵土和上帝呼氣的聯合，會發生甚麼事情？醫藥長久以來將精神和身體二分這種做法最終可能會站不住腳，基督徒會正確地問，那正在失靈的身體捨棄的是哪一個自我。

對保羅來說，**身體**和**肉身**，好像希伯來語的**靈魂**一樣，都代表關係。換句話說，保羅理解和教導的是，身體只在與其他身體的關係之中才活著。雖然明白我們怎樣弄錯這些關係是重要的，但重要得多的是明白我們的身體是為了關係。在上面研究的那段創世記經文後不久，有另一個關於創造的記述，在其中男人第一次遇到女人，他驚歎說：「終於，這是我骨中的骨，／肉中的肉」（創二23，NRSV）。令現代頭腦失望的是，聖經不大重視個人的自主。如果皮膚是「我」

22 引自 Wendell Berry, *Sex, Economy, Freedom & Community*（New York: Pantheon Books, 1993）, 106。

和「其餘創造」之間的界限，它也是十分容易被穿過的，兩邊有頻繁的來往交通。[23] 在基督裏，身體不是囚牢，而是象徵我們與人類、與整個創造的連繫。

耶穌為身體做甚麼

基督教對身體的理解最完滿地由耶穌本人體現出來，約翰稱祂為「道成了肉身」(約一 14)。上帝成為人，基督徒稱之為道成肉身的奧祕，這方法實在太冒犯，太有違合理的範疇，以致基督徒也至少要掙扎一番才能夠接受。耶穌出生時是嬰孩，由母親乳養，在窮人中間生活，與罪人一起進食和談話，傳講解放的福音，在羅馬政權手下可悲、屈辱地死去，構成一個有趣或許也富啟發性的「好人」傳奇。不過，它跟我們對上帝應該怎樣行事的最傳統觀念，包括很多基督徒抱持的觀念，都並不搭調。其他宗教傳統也有一些動人的故事，講述神取了人的樣式，但耶穌的生命那十足的塵世性和強烈的屈辱卻是獨一無二的。[24] 對基督徒來說，上帝成為完全的人——不單是取了人的外貌，並在過程中將創造轉

23 多恩(John Donne)的 *Devotions upon Emergent Occasions, Meditation XVII* 那著名的引文呼應這個聖經對人類的相互關連的理解：「沒有人是孤島，完全自足；每個人都是大陸的一片，總體的一部分。如果大海沖走一塊泥，歐洲便減損了，海角也減損了，你朋友或你自己的領地亦減損了。任何人的死都令我有虧損，因為我是人類的一員；因此永遠不要打聽喪鐘為誰而敲；它為你而敲」。

24 當然，已故的坎貝爾(Joseph Campbell)的支持者會說耶穌的故事沒有任何獨特之處。我們在這裏沒有時間和篇幅解釋為甚麼我們不同意這種說法。回應這種宣稱的其中一個出發點是 René Girard 的著作。

化。明白這是奧祕，我們便應該探討為甚麼我們跟隨傳統，提出這樣反常的宣稱。

四卷福音書都強調耶穌有身體。正如我們在第一章指出，耶穌的很多醫治都包括身體的接觸。馬太和路加詳細講述耶穌出生時的物質現實。路加福音裏一個一再出現的主題，是耶穌在聚餐這社交背景下，利用進食邀請、容納和醫治窮人、被隔離和被社會遺棄的人。路加在寫福音書時，肯定有很多「關於耶穌的故事」可以選擇，他強調這些特定的事件，顯示他對人類實際的需要有超乎尋常的敏銳。[25]

最近有一個十多歲的女孩在意外後下半身癱瘓，在醫院留醫幾個月。這件事讓我們看到觸摸和「一起擘餅」可以怎樣帶來醫治。我們可以理解，這個女孩對自己生命這個可悲的轉折感到沮喪，而她母親的生命也一團糟，不能給她所需的情感支持，所以在面對醫護人員努力嘗試卻依然笨拙的照顧時，她都感到很不耐煩。她變得愈來愈賭氣和不合作。直到有一天，一個實習醫生靈機一觸，拿著午餐到病房和她一起吃。第一天大部分時間都是實習醫生在說話，他偶然也移動一下在病牀上的女孩，讓她更容易接觸到她幾乎完全沒有碰過的午餐。在接著幾天，實習醫生都在午餐時到她病房。到了那個星期結束時，兩人已經成了朋友，在實習醫生逗留在病房期間，兩人都在交談。我們不知道這個實習醫生是否從閱讀福音書中學懂這種做法，但他示範了那種具體的行

---

25 到了二世紀後期，人們認為路加福音的作者是保羅在腓利門書 24 節、歌羅西書四章 14 節和提摩太後書四章 11 節提到的「親愛的醫生」和同伴。無論作者是否醫生，他都有十分強的身體意識。

動，是福音書在描述耶穌的醫治行動時一再強調的。[26]

四卷福音書都十分有力地描述耶穌的受苦和死亡。死人身體復活對撒都該人和希臘人來說是令人十分困擾的，因為撒都該人所有教義都建基於對妥拉的嚴格解讀，而妥拉沒有提到復活；而對希臘人來說，沒有甚麼比靈魂回到它終於可以擺脱的身體更令人反感。但福音書也同樣強調這種身體復活。[27] 約翰福音——往往被稱為最「屬靈」或有「最高的基督論」[28] 的福音書——特別預期和挑戰最早和最持久的基督教異端——諾斯底主義（Gnosticism）。[29]

用不大精確的方法解釋，**諾斯底主義**指對耶穌的身分那眾多的另類解釋，是與經過一段時間發展，並在尼西亞信經中明

26 我們會在第六章更多地探討福音書中進食和醫治之間的連繫。

27 即使我們接受馬可福音沒有復活的基督出現這個較短的版本才是權威，馬可的耶穌仍然與撒都該人辯論復活的問題（可十二 18～27；也參太二十二 23～33；路二十 27～40；以及在不同的背景下，徒二十三 6～8）。希臘人對死人復活的問題在使徒行傳十七章 22 至 34 節提到。

28 **基督論**（**Christology**）指關於耶穌身為基督這個身分的理論。

29 約翰福音的作者沒有顯示他知道諾斯底的羣體或著作，因為他們是第二世紀的產物。現存關於諾斯底思想和實踐的記載，大部分都來自它們的反對者，包括我們很快會討論的愛任紐。隨著拿．戈瑪第（Nag Hammadi）抄本在 1947 年的發現，學者可以更直接地接觸早期的諾斯底主義。這些著作被解釋為證明當時存在正統以外「較友善」的選擇，或者反對諾斯底主義的正統人士的反駁是溫和的。Hans Jonas 的 *The Gnostic Religion: The Message of the Alien God and the Beginnings of Christianity*, 2nd ed.（Boston, MA: Beacon Press, 1963）一直是首選的英語學術著作，直到 Kurt Rudolph 的 *Gnosis: The Nature and History of Gnosticism*（San Francisco, CA: Harper and Row, 1983）的譯本出版。我們當然盡力在正統基督教的詮釋傳統下寫作，但我們也承認可能有其他方式理解和描述諾斯底主義那眾多，而且往往互相矛盾的形式。

確地表達的正統理解，也就是耶穌基督是真神和真人不同的。諾斯底主義和正統都不是鐵板一塊。關於靈降入物質的醜惡，不單有很多不同的諾斯底論述，從事將不同類別組合和細分的人更爭論某些羣體——例如馬吉安派（Marcionites）——應否稱為諾斯底主義者。熟悉初期基督教內部爭鬥的人，也不能宣稱正統是自相一致、單一的實體。不過，在頭一千年的大部分時間，「正統」（「正確的敬拜」）和「大公」（「根據整體」）都幾乎是同義詞，因為異端（「選擇」）是只選擇部分基督教的教導，而這無可避免地會引致人們差劣地敬拜上帝。[30]

對基督後第一個世紀的很多人來說，諾斯底的神學和實踐都十分吸引，因為相對於較低級、「精神」的人，它提供某種優越性，往往是透過一連串入會儀式，通向「屬靈」或「靈性」的靈魂。[31] 作為一個羣體，他們稱為諾斯底主義者，因為他們普遍強調特別賜予的知識，或 *gnosis* 的重要性，

Elaine Pagels 由於以她對拿．戈瑪第文本那「良好部分版本」的解讀為基礎，提出對諾斯底主義敏鋭的主張，從而得到頗大的名聲。對比起來，Bart Ehrman 則對「失落的基督教」提出更學術、歷史性的詮釋。雖然我們承認第二和第三世紀在神學上十分混亂，但我們不接受「正統」這個觀念只是給初期基督教權力鬥爭中在意識形態上勝出的一方的名稱。或許我們缺乏特別的靈知（*gnosis*），所以不願意接受這個觀念。

30 不幸的是，現在**正統**（**Orthodox**）和**大公**（**Catholic**）表示宗派身分〔譯按：指東正教和天主教〕。我們選擇**正統**這個詞，原因有兩個。首先，我們想強調西方基督教得益於東方正統教會這個現在仍未得到重視的事實，特別是東正教對基督教崇拜那具體的本質的理解。第二，我們想避免暗示我們提倡一種特定的「羅馬」天主教神學，而不是我們相信是整個基督教傳統所共有的神學。

31 與現代對平等主義的執著——如果很少是在實踐上，也至少是在理論上——不同，古代思想對精英感到著迷。在我們自己的時代，正統和「另類基督教」這重現的鬥爭的雙方都指控對方有自大的精英心態。雖

是單純「精神」得不到的，這種知識容許「靈性」的人接觸更高、屬靈的領域。對諾斯底主義者來說，上帝以不潔的肉體弄污自己這個觀念是可笑的，因為空中、屬靈的現實是蒙福地不受固體物質的限制。[32] 在回應他們福音書中講述關於耶穌那個他們認為是令人討厭和全然不可信的故事時，諾斯底

然我們希望保持正統，我們也不喜歡將神學上的對手妖魔化，這種做法在歷史上幾乎總是引致迫害，而且往往是最殘酷的那一種。東正教詩人 Scott Cairns 這樣結束他的詩《新約希臘語歷險：異端》（*Adventures in New Testament Greek: Hairesis*）：

甚至異教徒也愛上帝，十分
確信祂也會愛他們。
無論怎樣選擇，我認為他們不會
犯錯到足以在——剛超越
那醉心地臉紅的暮年——他們轉身時，
比驚人的歡迎較少作見證。

引自 *Philokalia*（Lincoln, NE: Zoo Press, 2002）, 18。獲作者准許轉載。

32 在第一對開本（First Folio）中，哈姆雷特的第一段獨白（第一幕，第二場）這樣開始：「啊，但願這太結實的肉體融化，／融解，化為一片露水！」而一些早期的四開本則是：「啊，但願這太太污穢的肉體融化。」無論怎樣，哈姆雷特都處於可怕的困境之中，他受命報殺父之仇，而殺人兇手卻娶了他母親，坐在丹麥的王座上。哈姆雷特在第一幕已經考慮過自殺，藉以脫離物質的折磨。在較後期，更著名的獨白，他想「擺脫」這「塵世的煩惱」。在第一幕，哈姆雷特繼續說，但願：

那永恆者沒有定下
禁止自殺的規條！上帝啊！上帝！
人世間的一切好處，在我看來
都十分無聊、乏味、沉悶、無益！
呸，呸，這樣一個荒廢的花園，
日漸凋零。天性污穢、蔓生的野草
佔據了整個園子。

即使考慮到哈姆雷特的環境，他的話也暗示了正統表面上勝利後的多個世紀，諾斯底在基督教的歐洲仍然持續有影響力。

主義者建立了「檢查站」，確保靈仍然與物質分離，不受物質污染，[33] 或者他們否定歷史上的耶穌本質上是有身體的，將祂變成幻影。[34] 一種經修改的諾斯底主義繼續棲身於醫藥之中，這種思想受到笛卡兒決定性地將精神從身體分離影響，並受到科技按醫藥和醫藥的消費者的願望，而改變、強化和重塑身體的能力而增強。

相對於諾斯底的理想，約翰的耶穌雖然一貫地平靜和控制一切，但又一再顯明祂是物質的。在這第四卷福音書的序言中，我們讀到：「道成了肉身，住在我們中間」（約一14）。這裏的「住」翻譯自希臘語動詞 *skenoo* 的一個形式，字面意思是「支搭帳棚」或「居住在帳棚」。永恆的道的營帳，是可以移動的地上居所。約翰的耶穌拿繩子當為鞭子（二15），要求別人給祂水喝（四 7），吐唾沫在地上（九 6），哭泣（十一 35），容許別人膏祂的腳（十二 3）。約翰福音十三章詳細描述耶穌替門徒洗腳，他關於耶穌受苦的記載包括祂被鞭打（十九 1）、被釘十字架（十九 18），身體被槍刺穿（十九 34）和埋葬（十九 42）。約翰中止敘事，轉而強調耶穌被釘和死去的身體受到的對待，他引述兩節經文（出十二46 以及其他地方；亞十二 10）「解釋」為甚麼耶穌被刺穿，但腿卻沒有被打斷，而打斷腿是當時令受刑人窒息，從而加速他們死亡的常用方法（十九 36）。

無論耶穌的肋旁有血和水流出還有甚麼其他意思，那都

33 例如最終為俄利根帶來麻煩的萬古（aeons）和流溢（emanations）。

34 正如在稱為幻影說（Docetism）的異端中，這是來自希臘語的 *dokein*（「看似」）。

是十分骯髒、十分身體性的事件。任何見過接生的人都知道，除了死亡，在甚麼其他時間有血和水從身體流出，而且那是比死亡更常見的時間。耶穌的死是一種出生，透過祂那人類的身體，將創造挽回到與上帝的恰當關係之中。但約翰沒有在耶穌的死中完結他對身體的論述。他繼續引述耶穌復活後、榮耀的身體那肉身的存在，以致多馬可以將手放進耶穌的傷口（二十 27），耶穌自己可以燒魚，並與朋友一起吃魚（二十一 9～13）。即使在死後，耶穌的身體也是關係的記號和來源。

令人驚訝的是，約翰福音遺漏了三卷對觀福音中重要的一幕：所謂設立聖餐的話，也就是耶穌拿起餅和酒，祝謝，分給門徒，稱餅和酒為祂的身體和血。他倒將「生命之糧的篇章」（約六章）置於對耶穌公開事奉的描述中。在那裏耶穌說：

> 我實實在在地告訴你們，你們若不吃人子的肉，不喝人子的血，就沒有生命在你們裏面。吃我肉、喝我血的人就有永生，在末日我要叫他復活。我的肉真是可吃的，我的血真是可喝的。吃我肉、喝我血的人常在我裏面，我也常在他裏面。（約六 53～56）

這些話在不同的基督教傳統中被神學化，喪失了大部分令人震驚的力量。不過約翰詳細記述聽到耶穌這些話的人的反應，顯示他們感到多麼困擾。忠於上帝發出關於禮儀上的不潔這些禁令的猶太人感到害怕，這也解釋了後來的羅馬異教徒為甚麼會指控基督徒吃人。這些話也應該令我們不安，至少應該足以將我們從我們的諾斯底的睡夢中喚醒。

後使徒時期對身體的敍述

在早期教父時代，在組成新約的文本已經寫下，在地方基督徒羣體中間流傳之後，最有力地反對諾斯底主義，維護正統的人是里昂的愛任紐（Irenaeus of Lyons）。他約在公元一三〇年在小亞細亞出生，在三世紀初在法國殉道。[35] 愛任紐喜愛的其中一個主題是同歸於一（recapitulation，希臘語是 *anakephalaiosis*，好像我們源自拉丁語的英語詞一樣，表示「回到頭那裏」）。保羅是第一個使用這個詞語的基督徒，他在告訴以弗所信徒，上帝從一開始便計劃在基督裏聚集萬物時使用這個詞（弗一 9～10）。對保羅來說，基督是創造的「頭」。用保羅的提示，愛任紐在這個主題上運用轉義：萬物都透過基督受造，萬物也透過基督得以挽回；耶穌是第二亞當，修補由第一亞當造成的破壞；舊約講述的救恩歷史在新約得到再現，並達致完滿。這同歸於一和挽回的關鍵是道成肉身，上帝的道以完全的人這個形式取得肉身。愛任紐簡潔地總結他的中心命題：「在祂不可測度的愛中，祂變成和我們一樣，令我們可以和祂一樣。」[36]

35 對愛任紐的生平和著作一個簡單，頗不費力的介紹是巴爾塔薩（Hans Urs von Balthasar）的 *The Scandal of the Incarnation: Irenaeus against the Heresies*（San Francisco, CA: Ignatius Press, 1990）.

36 Balthasar, *The Scandal of the Incarnation*, 54.

對愛任紐來說，宇宙的歷史圍繞一個有實體的人類生命展開，那就是耶穌基督，祂從女人所生，活在窮人中間，樂意背負人類的罪，在肉身中受苦，在榮耀的身體中復活，藉著令整個創造臣服於祂而帶給我們永恆的生命。對那些懷疑身體的良善的人，愛任紐回應說身體是雙重良善的：首先是因為上帝在創造中令它良善，第二是因為即使在身體因為人類犯罪而墮落後，一切都透過道成肉身而得以挽回。[37] 人類是這樣由成為人的上帝轉化，以致愛任紐在他最著名的話中說：「上帝的榮耀是人——全然活生生的！」(*Gloria Dei, vivens homo!*)

我們在這裏為了我們的目的而大大簡化了有關的神學討論。我們本來希望這討論在這裏結束。如果這樣的話，這本書可能是多餘的。不過，諾斯底主義以前和現在都是常存的異端——不是來自教會以內或以外一些祕密、持續的陰謀，要貶低身體；而是因為使身體從屬於靈或精神是那麼有吸引力。如果這個宣稱顯得奇怪，我們請你觀察網上聊天室這好壞參半的東西，在其中無論好壞，透過假名和化身，身體的特徵以電子的方式掩蓋，肉體經過偽裝後，人們在面對面時永遠不會說出的苛刻話，會從鍵盤流出，荼毒人心。和所有科技一樣，實際上和所有掌權的一樣，互聯網絕對是混合的東西，充滿好處和陷阱，在某些地方跨越巨大鴻溝，同時又在其他地方燒毀人們經常走過的橋

37　這挽回，好像「上帝的國」一樣，是終末性的，表示它同時是「現在」又「未濟」，透過上帝的拯救行動真正為我們贏得，但等候萬物在基督裏聚集時的完滿。

樑。[38] 我們可以借用鄧不利多(Albus Dumbledore)給哈里·波特(Harry Potter)的警告，他發覺這個男孩多天都在凝視意若思鏡(Mirror of Erised)時對他說：「要記住：沉醉在夢境中，忘記生活，是沒有用的。」[39]

今天身體仍然受到懷疑，甚至在所謂正統的基督徒中間也是這樣。[40] 隨著基督教由一個細小的猶太羣體變成龐大、外邦成分愈來愈多的運動，最終遍及整個帝國；福音的鋒芒很大程度上因為其他思想習慣而被磨鈍了。特別是斯多亞派(Stoic)強調自制這種男性的理想，這是一種思想的功能，一種熱誠的功能，永遠源自身體，淹沒了猶太人更整全的倫理。這對有實體的關係帶來巨大的後果，正如華萊士(Catherine Wallace)總結說：

> 基督教承受巨大壓力，要將它同化，因而消除它憐憫

---

38 如果沒有互聯網，我們便不能寫成這本書。我們兩人都經常使用電郵和搜尋器，我們描述聊天室，也顯示我們至少熟悉這種做法。我們也都使用汽車，雖然知道它帶來污染，令無數人受傷，將近鄰變成陌生人。科技總是兩刃劍，既是祝福又帶來害處。身為掙扎著的基督徒，我們希望盡可能有智慧地運用這些不純粹的祝福，同時又明白它們多麼容易腐化。

39 J. K. Rowling, *Harry Potter and the Sorcerer's Stone* (New York: Scholastic Press, 1997), 214.

40 留意這場辯論的不同陣營立場怎樣改變是有趣的。在愛任紐的時代，正統的立場強調身體，反對諾斯底對靈的推崇；現在正統則被指摘為過分屬靈和否定生命。我們提出，這指控中包含的真理是正統傳統中保留了諾斯底思想的殘餘帶來的後果。如果靈比身體重要得多，我們要不是應該透過偏執的禁欲操練來懲罰身體；便是應該視身體為無力和毫不相干，可以放縱地加以使用。在諾斯底(和半正統)的實踐歷史中，兩條路都有人走，雖然今天人們明顯喜歡後者。

> 的赤誠和徹底的平等主義這些傳統規範……正如布朗(Peter Brown)在《身體和社會：初期基督教對性的否棄》(*The Body and Society: Sexual Renunciation in Early Christianity*)中引證，初期基督教對性的禁欲和否棄將有德行的羅馬人的嚴格(*severitas*)補足成以否定身體為基礎的普遍聖潔原則。[41]

與愛任紐差不多同期，仰慕他的正統人士，例如特土良(Tertullian)，後來卻反對他。基督教在羅馬帝國建立起來，對異端帶來有力的威脅後，諾斯底主義便用正統的語言作為掩飾。在背誦信經時，基督徒可以說好像「身體復活」這樣的話，但仍然期望有朝一日，靈魂會擺脫肉身，好像擺脫無用、枯乾的外殼一樣。[42] 身體可能在水禮時得到水和油以示尊重，或者得到聖餐的餵養；但相較於靈魂的完美，身體仍是次等的。和我們一樣，那些生活在突然間變成了「基督教」的帝國中的人發覺，要福音配合他們自己的假設和慾

41 Catherine Wallace, *Selling Ourselves Short*(Grand Rapids, MI: Brazos Press, 2003), 54。也參 Peter Brown, *The Body and Society: Sexual Renunciation in Early Christianity*(New York: Columbia University Press, 1988)。華萊士的概要來自關於性別二元論的討論中。這種二元論在基督徒的憐憫很大程度上屈服於資本主義競爭的力量時仍然纏繞著西方思想。正如華萊士指出，甚至很多女性主義者都假設和吸收了源自她描述的希臘—羅馬妓院的二元論。

42 當然，事情永遠不是這麼簡單。一個關於基督徒對信經中這個詞組的思索十分好的研究是 Caroline Walker Bynum 的 *The Resurrection of the Body in Western Christianity, 200 ～ 1336*(New York: Columbia University Press, 1995)。

望，比門徒身分要求那種總是艱難、有時甚至是痛苦的改變容易得多。經過一段時間之後，一些諾斯底傾向進入了基督教的主流。到了中世紀，好像費奧尼的約雅斤修道院院長（Abbot Joachim of Fiore）這樣的人可以提出，現在道成肉身的世代很快會進入一個更高級、「純靈」的世代。這個屬靈進步的觀念在文藝復興和啟蒙時期都得到宣揚，並帶來現代眾多對強調道成肉身令人眼花繚亂的挑戰：笛卡兒的二元論，康德式（Kantian）選擇純粹理性代替傳統的實踐，過度浪漫的吸引，以及黑格爾（Hegel）對 *Geist* 或精神的歷史性神化。黑格爾知識上的繼承人馬克思（Karl Marx）雖然對基督教並不友善，但卻提倡重新強調物質。但實際地說，馬克思作為知識力量，在世界已經死去；諾斯底主義在今時卻似乎佔了上風。它雖然十分世俗，但作為「靈性化」的進步力量，無論是無限經濟發展這些新保守的自由市場意識形態，民主擴展的自由派計劃，或者醫藥關於後人類的將來，不受會出問題的身體限制這個科技上的許諾，都充滿了大量諾斯底主義。

正如我們會在第七章看到，當代醫學諾斯底主義似乎將身體偶像化，但主要是作為思想（或意志）追求完美或永恆的表現。身體幾乎是被任意改變，強化它作為遠為真實和純粹的東西的一個可塑的封套這個角色，或許有天，也是可以完全被取代的角色。有些人重塑身體，以配合某個他們渴望有的形象；另一些人尋求無盡的修補，令自己繼續生存。甚至一些基督徒在維持生命的機器已經無用時，仍然抗拒將它們從垂死的親人那裏撤走，也可以是諾斯底主義的一種形式，他們珍惜控制和操縱身體的能力，多於有實體的生命那神祕的恩賜——這種恩賜永遠都並非真正由我們保管。

如果教會要為此怪責任何人，它只能怪責自己。不單所謂正統基督教透過柏拉圖主義和其他來源，維持重視靈性多於身體；建制教會在這些或其他觀點的「認可詮釋」受到公開挑戰時，也激烈地回應，鎮壓和殺害神學上的對手，而不是見證他們理解的基督徒生命的完滿。不過，正是從這段不幸的歷史中，我們必須恢復對身體的正統理解。它受造是良善的，但因為我們的罪而墮落，並由基督挽回。正如我們將會看到，讓我們恢復這種理解第一個和最重要的地方是我們蒙上帝呼召參與其中的那個有缺點的實體：教會。

聚集的身體

正如我們在上面指出，保羅用身體來比喻上帝的百姓聚集成的教會（羅十二章；林前十二章）。正如我們曾經指出，哥林多前書那個著名的段落，是屬於一段詳盡得多地處理身體的經文的，這段經文的範圍是十一至十五章。為了我們的目的——我們認為也是為了保羅的目的——這個關於身體的論述從崇拜開始是最重要的。

在十一章，保羅責備哥林多人容許分裂和分黨（林前十一 17 及其後）。保羅特別憤怒的是在主餐時，有些人吃得飽，有些人卻飢餓。他重述「設立聖餐的話」，耶穌用這話來命令門徒分享聖餐（「那身體」和「那血」）以記念祂，強調「你們每逢吃這餅，喝這杯，是表明主的死，直等到他來」（十一 26）。他繼續說：

> 所以，無論何人，不按理吃主的餅，喝主的杯，就是干犯主的身、主的血了。人應當自己省察，然後吃這餅、喝這杯。因為人吃喝，若不分辨是主的身體，就是吃喝自己的罪了⋯⋯所以我弟兄們，你們聚會吃的時候，要彼此等待。（十一 27～29、33）

因此，對保羅來說，恰當地崇拜上帝要求「分辨主的身體」，明白和回應那些與我們一起崇拜的人身體上的需要。其他受造物的需要不是與崇拜上帝無關的問題。在基督徒崇拜中沒有「個別的自我」，因為所有人都藉著分享基督的身體和血這行動聚集成一個身體。

現代人在這裏處於特別不利的位置，因為我們繼承了「個別自我」這個令人困擾的形而上學觀念長達大約兩百年的知識包袱。[43] 身為熟悉心理學、後啟蒙的人，我們想像自我存在是不證自明的，但「它不一定是這樣」。正如馬利納（Bruce Malina）指出：「第一世紀地中海的人完全沒有，也不明白我們『個人』這個觀念⋯⋯（而是）視自己為獨特的整體，與其他這樣的整體**有關係**，並處於一個特定的社會和自

43 參 Charles Taylor 著作的 *Sources of the Self: The Making of the Modern Identity*（Cambridge, MA: Harvard University Press, 1992）。

然背景**之中**。」[44]

不過，令初期基督徒與當時的非基督徒不同的是，他們強調羣體崇拜和羣體道德踐行。米克斯（Wayne Meeks）解釋說：

> 甚至那些促請人們在家裏的隱私中注意的個人踐行……都是羣體踐行的延伸——事實上它們提醒個人，即使在他們獨自一人時，也不單是獻身於基督徒的上帝，他們也是基督的身體——也就是上帝百姓的成員。這就是基督教運動與其他更容易配合羅馬世界對「宗教」的正常期望的信仰最明顯的分別。基督徒的踐行不限於神聖的時刻和神聖的地點——祭壇、祭物、巡行——而是以獨特的自我意識形成羣體必不可少的部分。[45]

用施梅曼（Alexander Schmemann）的話說，禮儀（源自希臘語 *leitourgia*，或者「眾人的工作」，相對於私人的 *ourgia*——從中我們得出「祕密祭神儀式」〔orgy〕）是「一種行動，一羣人藉以集體變成他們身為個體的集合時不會成為的東西——比各部分加起來更大的整體」。[46]

44 Bruce Malina, *The New Testament World: Insight from Cultural Anthropology*（Atlanta, GA: John Knox Press, 1981）, 54～55；粗體格式為原文所有。正如以下引文顯示，甚至熟悉聖經的現代人也不能討論羣體，除了相對於個人以外。

45 Wayne Meeks, *The Origins of Christian Morality: The First Two Centuries*（New Haven, CT: Yale University Press, 1993）, 45.

46 Alexander Schmemann, *For the Life of the World: Sacraments and Orthodoxy*（Crestwood, NY: St. Vladimir's Seminary Press, 1998）, 25.

正如物質的身體一樣，聚集的身體以及分辨那身體的任何能力，都是來自上帝的恩賜。我們曾經聽過一位前來訪問的神甫向教區講述良好禮儀的重要性。他強調需要懷著禱告準備，但提醒聽眾，只有上帝才是禮儀及其中一切的源頭。「基督徒往往在禮儀中佔據主人的位置，但他們需要記得，他們從來都不是主人。耶穌才是主人。如果你對這點有任何懷疑，下主日望向四周，並緊記如果你是主人，在場的人有一半都不會得到邀請」。

我們可以從觀看誰上前領聖餐學到很多關於聚集的羣體的事情。一個大腦麻痺的女人將聖餐餅放在一個用助行架的男人手中。在他後面有另一個男人在等候，那個男人有一隻受訓來辨認那個男人的「疾病發作」的役用犬。再後一點，兩個韓國男孩的白人養父母加入隊伍。對體現福音的教會來說，這沒有任何新奇之處。基督徒的主日聚會只是繼續上帝與以色列百姓開始的聚集。洛芬克（Gerhard Lohfink）提醒我們：

> 總是上帝聚集百姓一起。聖經從沒有說以色列自己聚集起來。在大多數情況下，背景的意象是聚集羊羣的牧羊人帶領羊羣回家……正如從埃及的奴役中得解救是上帝的工作，令百姓從被擄歸回也是上帝的工作，而且惟獨是上帝的工作。[47]

47 Gerhard Lohfink, *Does God Need the Church?: Toward a Theology of the People of God*（Collegeville, MN: Liturgical Press, 1999）, 52.

因此，聚集實行禮儀是重演出埃及。一位東正教神甫給我們另一個看這件事的方式：「每個主日都是小小的 Pascha〔復活節〕。」身體不單蒙召聚集，也蒙召**出來**，從世界那些疏離的方式出來。這就是教會的希臘語 *ek-klesia* 的意思：蒙召出來。洛芬克補充說：

> 在希臘語，*ekklesia* 是百姓的聚集，在某個城市中所有有公民權的人聚集在一起。耶路撒冷的羣體從 *polis*（城邦）生活的民事法採納這個詞時，是提出一個驚人的宣稱。這樣，他們顯示他們並不視自己為一羣志趣相投的朋友，或者一羣因為特定利益而聚在一起的人；他們是由上帝創造的聚集，是「公共」的，而且一切都關乎他們公共的利益。[48]

蒙差派出去的身體

透過上帝在禮儀中將他們聚集，基督徒宣稱他們遇到萬物的本相，上帝創造它們的方法，並由耶穌救贖，我們以聚集、讚美、吃喝的形式分享祂的生命。我們應該在禮儀中看見上帝想我們怎樣活出我們整個生命，而不單是「宗教的部分」。換句話說，禮儀教導我們以恰當的方式工作或做愛、養育孩子或回應社會不公義、辯論或見醫生。我們大部分人到「教會」，都頗像《芭比的盛宴》那個年長的羣體，或許不是有意識地拒絕嘗或看主的良善，但我們的行動卻彷彿表

48 Lohfink, *Does God Need the Church?* 218.

明，我們聚集是為了一種給人安慰、為了責任而進行的儀式藉以記念一些已經不再真實的東西，即使那儀式是頗為乏味的。偶然有好像勒文耶爾姆將軍這樣的人加入，他真正認識我們分享的食物和酒，並為我們的冷淡而驚訝。[49]

在這裏，「你吃甚麼，你就是甚麼」("You are what you eat")[50]這句古老諺語是有效的。正如保羅寫給哥林多信徒的語言強調，有一個現實將聖餐中基督的身體和血與我們成為的基督身體連繫起來。我們成為這個身體，不是要逃出地上身體的囚牢，不是要找某種個人的快樂，也肯定不是要逃出上帝創造的世界。透過上帝的恩典，我們成為基督的身

49 聖餐的本質在不同基督教傳統中當然有爭論，聖餐往往也引致分歧而不是合一，正如 1529 年路德和慈運理之間的馬堡會談（Marburg Colloquy）體現那樣。不過，大部分傳統似乎都同意的是，聖餐某程度上是神聖的，而且它是恩賜。當代創作歌手邁耶（Peter Mayer）在《現在是神聖的》（*Holy Now*）這首歌中描述他的理解怎樣發展：

> 我還是男孩時，每星期
> 在主日，我們都上教堂
> 聚精會神看神父
> 他會閱讀聖言
> 祝聖那神聖的餅
> 每個人都會下跪彎腰
> 今天惟一的分別是
> 現在一切都是神聖的
> （「現在是神聖的」，選自 *Million Year Mind*, Blue Boat Records, 1999。）
> 獲作者允許轉載。

我們理解邁耶的話，不是指聖餐（或聖言）的神聖與創造的神聖對立；而是在聖言和聖餐中真正與神聖相遇時，我們便能夠開始看到，創造的一切也是神聖的。

50 或者在費爾巴哈（Feuerbach）用雙關語嘗試否定他視為理想化的猜測，但卻失敗了的話：「*Man ist was er isst*」（「人吃甚麼，他就是甚麼」）。

體，用施梅曼的話說，是「為了世界的生命」。

東正教徒所說的「神聖禮儀」（Divine Liturgy），羅馬天主教徒稱為「彌撒」（Mass），來自結束禮儀的拉丁詞組：「*Ite missa est*」——「解散了」，或者「你們蒙差派」。對今天很多基督徒來說，這「差派出去」好像重新進入「真正的世界」，將基督徒崇拜那給人安慰的詩歌留下，回到「事物的本來面目」。雖然我們可能在一星期後再來接受情感的幫助，除了偶然為了栽培孩子而在吃飯時禱告，但我們從星期日下午到星期六晚都按世界的要求而生活。宗教作為「空中樓閣」，很快便被謀生、陰鬱的科學和政治、「可能的藝術」（the art of the possible）這些地上的現實打敗。大部分人都假設那些想將世界變成更好的地方的基督徒，最好少花一點時間在教會，多花一點時間學習社會工作、法律、醫藥或公共衛生。侯活士（Stanley Hauerwas）描述他教授的一個基督教倫理學導論課程，在其中理解倫理學的處境總是基督教的崇拜時，審視了「將世界變成更好的地方」可能不是基督徒必定要從事的事情，特別是如果「更好」是由這個世界的掌權的來界定：

> 學生可能開始得到提示，知道崇拜不是基督徒藉著從事而令自己「有道德」的事情，崇拜和崇拜固有的聖潔生命不能作為因果連結起來。崇拜的活動不是要帶來直接的影響，正好是因為這些活動有目的地指向上帝。由於崇拜將我們所做的一切呈獻在上帝面前，我們成為上帝的讚美和喜樂的一部分。正因為這樣，教會的第一個任務不是令

> 世界更公平，而是令世界成為世界。教會正確地認識崇拜真神的喜樂，而世界只能夠透過它與教會的對比明白它是世界。[51]

我們閱讀侯活士時，強調崇拜而不是「令世界變得更好」的重要性，是如果「令世界變得更好」完全由我們自己的努力，並根據世界的遠象來進行，它永遠都不能接近上帝希望有的轉化。在世界的一切苦難中，無論我們怎樣服事它，我們的服事首先和總是因為那是一種崇拜的形式。這可能令醫學界——或者就此而論，任何其他界別——的基督徒感到意外，他們想像自己在追求一種事業或者做一些事情，藉以給自己和家人溫飽。這種服事既不是選擇，也不是我們為了令上帝愛我們和世界而付上的代價，而是我們首先在禮儀中學懂恰當地崇拜上帝的具體延續。對很多人來說，上帝可以透過基督門徒的生命在禮儀中學習，並植根於禮儀而轉化世界這個觀念是古怪的——或許好像一點麵酵能夠令三斗麵粉發起來（太十三 33；路十三 20～21）這個觀念那樣古怪。因為這個分量相當多，足以餵飽一百人。

我們不是說基督徒不應盡可能學習法律、醫藥、耕種或潔淨食水，而是說基督徒應該先學習這些掌權的應該為甚麼目的服務。這樣學習的恰當地方是聚集在一起敬拜上帝的羣體。如果任由它們自行發展，掌權的會要求我們跟從服事

51 From "The Liturgical Shape of the Christian Life: Teaching Christian Ethics as Worship," in Stanley Hauerwas, *In Good Company: The Church as Polis* (Notre Dame, IN: University of Notre Dame, 1995), 156.

上帝和上帝的創造以外的目的，掌權的會期望我們認為這些「世界的做法」是正常的。這樣，掌權的阻止我們想像事情可以與它們的現況不同——或者與事情透過「進步的榮耀行進」變成的樣子不同。掌權的這種承諾好像放在驢子面前的胡蘿蔔一樣，只要趕車的人需要我們拉動車子，這個承諾便永遠不能實現。

在這裏，我們終於可以開始看到這禮儀神學和醫藥有甚麼關係。我們在前一章指出，沒有耶穌，這個世界的其中一個神是死亡，它是我們在很多古怪的活動中既害怕又敬拜的物神（fetish）。人類將自己的意志（因而也將自己的焦慮、恐懼和迷信）強加給世界眾多的掌權的，醫藥只是其中之一。雖然掌權的喜歡透過遊說拉攏我們加入它們的計劃，但在需要時它們也會使用強制手段。當創造——包括我們的身體——不再被理解為上帝的良好恩賜，要為了上帝的榮耀而運用時，將無可避免地必須以任何需要的手段改變或清除我們遇到的部分創造。我們會探討的其中一種醫藥的混亂是：醫藥好像其他掌權的一樣，有時透過強制或暴力實現值得追求的目標，而且無論這些行為多麼令人遺憾，都稱它們為良好的。另一種混亂是醫藥怎樣往往要求我們好像自主的自我，尋求自己、個人的好處那樣運作，彷彿健康是要儲蓄起來的財寶，而不是要在羣體中歡慶的恩賜。艾丹．卡瓦諾（Aidan Kavanaugh）在反思教會放棄早期致力反對不必要的財產和一般的暴力這可悲的歷史時，猜想全面留意正確的崇拜（“*orthodoxia*”）可能向現代基督徒顯明甚麼：

> 世俗社會和態度更重視暴力和累積財富，完全沒有令正統教會傳統以來堅持受洗的人接受非暴力和熱衷於貧窮變得不正常。由於世俗社會的愚昧行進那可見的歷史紀錄，耶穌基督的門徒絕對有權視暴力和貪財的常規化為致命的不正常和違反現實。*Orthodoxia* 絕對有理由視孩子死於戰亂或因為貧窮而餓死為不正常。它也絕對有權預期，如果容讓世界運用本身的資源，世界不能消滅這些可怕的事情，這個世界也不會在努力中樂意接受上帝恩典的資源。根據證據，正統視世界拒絕這種幫助為最大的不正常是合理的。[52]

醫藥作為掌權的會拒絕基督的身體幫助，這是意料中事。但無論是否受到歡迎，我們都必定要透過上帝拯救的恩典而行動。我們怎樣行動，是首先在禮儀中學會的，禮儀將我們改變成基督在世上的身體，讓我們可以在羣體中正確地行動——即使我們從聚會的地方解散之後。藉著禮儀聚集和解散的羣體其中一個最重要的行動是活出它學到的東西（也就是「正常」實際上是怎樣的），並透過它的生活方式多於透過它的言語，顯示世界是不正常的，世界的行事方法與最深刻的現實嚴重脫節。

這裏提到的「生活方式」或許藉著約翰福音的一幕最能

52 Aidan Kavanaugh, *On Liturgical Theology*（Collegeville, MN: Liturgical Press, 1984）, 158～159。關於禮儀怎樣挑戰世界的暴力，特別是在皮諾切特（Pinochet）統治下的智利，參 William Cavanaugh 的 *Torture and Eucharist*（Oxford: Blackwell, 1998）。

夠說明。耶穌和十二門徒在「逾越節以前」聚集在一起（約十三 1～20）。耶穌吃飯期間起來（那環境十分重要），在腰間束上一條手巾，為門徒洗腳。彼得說他不會讓耶穌替他洗腳，只是在耶穌警告他：「我若不洗你，你就與我無分了」（約十三 8 下）時，他才讓耶穌這樣做。（彼得在第一次時不能明白耶穌的意思，應該帶給我們所有人希望。）如果不是以下這個記載，這段經文可能只是水禮一個很好的象徵：

> 耶穌洗完了他們的腳，就穿上衣服，又坐下，對他們說：「我向你們所做的，你們明白嗎？你們稱呼我夫子，稱呼我主，你們說的不錯，我本來是。我是你們的主，你們的夫子，尚且洗你們的腳，你們也當彼此洗腳。我給你們作了榜樣，叫你們照著我向你們所做的去做。我實實在在地告訴你們：僕人不能大於主人，差人也不能大於差他的人。你們既知道這事，若是去行就有福了……我實實在在地告訴你們：有人接待我所差遣的，就是接待我；接待我，就是接待那差遣我的。」（約十三 12～17、20）

耶穌提供的榜樣是服事，而且是十分具體的服事。我們其中一人在洪都拉斯山區一條村莊參與診所的工作。北美的醫生到訪那裏一天，當地人在一星期前才知道這件事，病人從四面八方趕來。有些人在天還沒有亮便徒步從家裏走來，以便在診所下午關門前趕到。但他們打算怎樣在夜幕降臨前回到家裏，我卻永遠都不知道。一個女人來到，希望她腫脹、疼痛的雙腳得到醫治。我們很高興，因為其中一位醫生接受過足病學訓練。我以結結巴巴的西班牙語替那位醫生做傳譯，他小心檢查、清洗和治療那女人雙腳，彷彿這是醫生享有的最大榮幸。那洪都拉斯女人笑容滿面，既因為醫生這麼用心，也因為終於有機會坐下來而高興，她開始問關於我們的家人，我們的家庭和我們為甚麼來洪都拉斯等問題。那一刻，謙卑的服事跨越了文化、語言、教育和階級的鴻溝，我見證了一些和聖餐十分相似的事情。

只要洗過別人污穢、沾滿汗水、長滿繭的腳，任何人都一定記得過程中涉及的感官衝擊。不過，更令人謙卑的是容許別人替自己洗腳。將耶穌這裏的勸誡和馬太福音二十五章放在一起，我們便開始明白在基督的身體中彼此服事，怎樣是服事耶穌——事實上，它被恰當地理解為崇拜。因此，這服事接近我們在禮儀中應該經驗的東西，而如果這幅圖畫不大配合你自己對禮儀的經驗，或許你需要與你的牧師傾談。

我們可以從四方面看我們在這裏描述的經驗，不過我們需要提醒讀者，不要以為這樣就全面描述了聖餐禮儀的經驗，或者表示一個必然的順序。首先，由上帝聚集我們崇拜，我們**分辨**那聚集的身體。我們**分辨**自己是罪人，呼喊說：「主啊，祢到我舍下，我不敢當，只要祢說一句話，我就必好了。」我們**分辨**每個在場的人的巨大需要，每個生命的飢餓——字面和比喻上——及苦難，如果我們不是實際聚集在一個地方，便不會留意到這一切。我們看到每個人怎樣是上帝具體的恩賜，受造是良善的，但墮落了，需要救贖。

第二，我們**吃**那身體，那是作為上帝驚人的恩賜賜予我們的。雖然不同的宗派辯論得到祝福的餅和酒究竟是記念、象徵或實際上是基督的身體，但全都將這行動理解為白白賜予的，顯示上帝永恆的愛。好像貝勒沃格的村民，我們的冷淡辜負了我們所吃的東西的寶貴。

第三，我們**成為**那身體，由基督轉化為新的百姓，上帝的百姓。正如保羅在哥林多前書十二章那擴大的比喻顯示，我們每個人在身體中都有不同、重要的角色，但我們真的連結在一起，以致一個人的恩賜和需要都牽涉所有人。

第四，我們**服事**那身體，正如耶穌自己委派我們去做那樣。分辨了我們的共同需要，在聖餐中吃了上帝的恩賜，成了聯合生命的有機身體後，我們怎能不這樣做？分擔彼此的重擔，彼此洗腳，包紮彼此的傷口，是在禮儀中，而不是在醫學院學習的生命方式。

再一次，很多讀者可能疑惑這裏對禮儀的動態和轉化性描述，與他們自己在主日崇拜那可能了無生氣的經驗有甚麼關係？我們懷疑這種脫節可能是基督徒默許醫藥和其他掌權的的重要原因，雖然基督徒應該知得更清楚，也應該做得更好。現在很多教會試驗或全心採納「便於使用」(user-friendly)、當代的「崇拜經驗」，加上多媒體奇觀和咖啡室，顯示我們多麼遠地偏離了轉化初期基督徒生命的聖餐經驗。如果我們的崇拜沒有實質，我們希望人們仍然為了崇拜的風格而來。再一次，侯活士尖銳地指出：

> 那些關心教會增長的人，通常沒有視聖餐為基督徒崇拜必不可少的方面。佈道表示吸引人們到教會，因為人們假

> 設，如果我們不到教會，我們的生命便沒有道德方向。因此便有教會出席率低和社會「道德腐敗」息息相關這個假設。這些人看不見的是，這種腐敗始於一個假設：崇拜是關乎「我」為自己的生命找到意義，而不是關乎榮耀上帝。這種佈道只是自戀的另一個名稱。基督教崇拜要求我們的身體接受其他方法不能提供的訓練，讓我們能夠分辨那些利用耶穌的名義引誘我們敬拜別神的東西。沒有聖餐，我們便沒有資源發現這些神怎樣統治我們的生命。[53]

我們相信，聖靈甚至在聖餐以外的環境也有能力轉化生命，與此同時，我們也認為還有一個更好的方法——基督徒將身體取回。如果這「取回」只是改變知識的範疇，沒有人會得到轉化。我們倒必須不單取回身體的象徵，也要取回服事和支持身體的羣體、具體實踐。基督徒怎樣明白身體——是物質和聚集的——不是「理論」，區別於某套我們現在轉向的「實踐」。基督徒的實踐倒是進一步體現我們在道和聖餐的禮儀中已經在進行的事情。這些實踐對身體的恩賜有甚麼話說，是我們接著要討論的主題。

53 Stanley Hauerwas, "Worship, Evangelism, Ethics: On Eliminating the 'And'," in *A Better Hope* (Grand Rapids, MI: Brazos Press, 2000), 159.

第四章
上帝給我們的模樣

在艾略特（T. S. Eliot）〈占星家的旅程〉（“The Journey of the Magi”）這首詩中，敍述者在多年後回憶他向新生王致敬的艱苦旅程。最終，他懷疑自己長途跋涉，究竟是見證出生還是死亡。當然，他知道自己看見一個嬰孩；但他說這出生的感覺就好像死亡——他自己的死亡。回到自己以前的王國時，他不快樂地發覺自己改變了，遠離一羣「緊抓著諸神」的百姓，希望有另一次死亡。[1] 在艾略特這首詩中，這個不快樂的智者生活在紛亂的地區，遠離他生來要指揮的國家。[2] 他不再適合這樣做，因為與新生王的相遇已經大大改變了

1 “Journey of the Magi,” in T. S. Eliot, *The Complete Poems and Plays, 1909～1950*（New York: Harcourt, Brace and World, 1971）, 69.

2 Chinua Achebe 用艾略特的話作為自己一本小說的書名，這本小說是關於非洲殖民地的文化破壞。*No Longer at Ease* 以他第一本關於文化衝突的小說 *Things Fall Apart* 兩代之後為背景。這第一本小說的書名來自葉慈（W. B. Yeats）的“The Second Coming”。

他，令他不再能夠完成那幅文化的拼圖。

與上帝相遇有這個作用。畢竟，「落在永生上帝的手裏，真是可怕的」（來十31）。落在上帝手裏不單擾亂我們的思想，也擾亂我們整個生命，包括我們的身體。我們與上帝相遇，令我們醒覺到我們的身體作為上帝和彼此的成員是何等複雜和微妙，以致在敬拜很多古怪掌權的和神（在這裏，只提自我、死亡和醫藥這三個）的百姓中間，我們發覺自己是個外人。醒覺後，我們終於看到這些偶像的本來面目，而不是按「舊時代」告訴我們的方式看它們。但如果沒有一個支持羣體，我們任何與舊時代的真正不協調都不能持久。希望以基督身體的成員這個身分而活的基督徒，需要的不單是觀念，也需要**踐行**——重複的羣體行動；踐行的重要性在於令我們變成怎樣的人，多於帶給我們甚麼。[3] 在基督教傳統中，這種行動往往稱為**聖禮**：是內在恩典的外在記號，但也是身體的動作，本身是好的，因為是上帝令它們這樣，在羣體中實行，從信仰中在我們之前眾多的姊妹弟兄那裏學到。

我們已經提出聖餐的實踐怎樣重塑基督徒對關係和連繫的理解，但在基督徒被帶到聖餐桌之前，他們透過水禮進入羣體。根據聖保羅，水禮是基督徒在禮儀上向舊時代的生命

3 Alasdair MacIntyre 將實踐定義為「在社會建立、合作性的人類活動任何連貫和複雜的形式，透過這實踐，內在於那活動形式的善，在嘗試實現適合並部分地界定那活動形式的卓越標準的過程中得以實現，結果是人類有力量實現卓越，以及人類對涉及其中的目的和善的觀念都系統性地得到擴展。」*After Virtue*（Notre Dame, IN: University of Notre Dame Press, 1984）, 187。

死。新基督徒所受的教導說他們的生活方式要與世界不同，而這不同隨著每一次聖餐而增強。[4] 像艾略特的智者，基督徒應該發現，甚至出生和死亡，以及醫藥要控制它們的能力，都有與成肉身的上帝在水禮和聖餐中相遇留下的印記。可惜，很多基督徒都容許聖禮變成將人同化的正式儀式，不需任何代價或要求。[5] 我們其中一人曾受教於一位十分舊派的歷史教授，那教授哀歎現代人厭惡持續運用智力的工作，宣稱只有在大學，人們才會花大量金錢而不要求回報。但水禮的通俗化怎樣也比這更糟。很多基督徒浸入水禮的水中，卻期望自己生命中沒有甚麼需要改變。

初期基督徒理解水禮為一個里程碑式的經驗，藉著淹死舊身體和它充滿罪的生命，並取得新身體，從一個世界去到另一個世界。福音書以耶穌的話連繫水禮和死亡（可

4　根據天主教和東正教對聖禮（東正教的用語是奧祕）的傳統理解，水禮、堅振禮和聖餐禮都是入門的聖禮。東正教仍然同時守這幾個聖禮，以致甚至嬰孩也在同一禮儀中受洗、接受傅油和領受聖餐。傅油（*chrismation*）這個詞應該提醒我們，個人藉著加入基督的身體，經歷（並預期要活出）多麼有力的轉化。傅油來自*chrisma*或者膏抹。在以色列，祭司、君王和先知都受膏，作為他們的呼召的記號（參亞四14；撒上十六13；撒下二7；王上一34，十九16）。我們**基督**這個詞來自希臘語的 *Christos*（「受膏者」），是希伯來語 *masiach* 的翻譯。因此，透過引伸，傅油的膏抹可以理解為「變成基督」。

5　艾略特的詩經常出現出生和死亡與人類經驗的陰影交織在一起這個主題，而且往往連繫到水的意象。我們可以從“Prufrock”（「直到人類的聲音喚醒我們，我們就淹死」）到“Four Quartets”的高潮（「浪呼喊，風呼喊，海燕和／海豚的眾大水。在我的終結中是我的開始」）。這個連繫在艾略特歸信前多年已經出現，顯示基督教的意象在二十世紀初的西方文化中無論變得多麼微弱，但仍然是一股力量。在一百年間，很多事情都改變了。

十38；路十二50），而保羅明確提出這個連繫（和期望的轉化）：

> 我們在罪上死了的人豈可仍在罪中活著呢？豈不知我們這受洗歸入基督耶穌的人是受洗歸入他的死嗎？所以，我們藉著洗禮歸入死，和他一同埋葬，原是叫我們一舉一動有新生的樣式，像基督藉著父的榮耀從死裏復活一樣。（羅六2～4）

在歌羅西書，保羅擴充他的論證，顯示我們受洗歸入基督的死怎樣挑戰試圖統治我們生命的掌權的：

> 你們既受洗與他一同埋葬，也就在此與他一同復活，都因信那叫他從死裏復活上帝的功用。你們從前在過犯和未受割禮的肉體中死了，上帝赦免了你們一切過犯，便叫你們與基督一同活過來；又塗抹了在律例上所寫、攻擊我們、有礙於我們的字據，把它撤去，釘在十字架上。既將一切執政的掌權的擄來，明顯給眾人看，就仗著十字架誇勝。（西二12～15）

基督徒藉著受洗歸入基督的身體而受洗歸入祂的死（林前十二12～13），在這身體中所有受洗的都在身體上聯合（弗四4～6；加三27～29）。體現進入這新生命的標記是放棄舊方法（林前六9～11；羅六10～14；林後五16～六2；弗四17～五20），藉以敬拜上帝以及彼此相愛和服事

（林前十二 27～十三 13；羅十五 1～6）。

藉著透過水禮與耶穌的死亡、埋葬和復活連繫，我們得以脫離死亡的捆綁：「死被得勝吞滅」（林前十五 54；比較賽二十五 8；何十三 14）。在第二章，我們描述掌權的怎樣藉著將死亡描繪成需要安撫的神而控制我們。由於死亡挑戰我們的控制權，我們令它成為物神，緊抓著藥瓶中的法寶，尋求巫醫（他們簽名時加上「醫學博士」這個銜頭）幫助，令那憤怒的神遠離我們。甚至是基督徒，在預期自己的死亡時，也有一根刺。但受洗歸入基督的死，給我們崇拜死亡以外的另一個選擇。我們活出自己的生命時，可以信任上帝透過耶穌的生命、死亡和復活的恩賜，已經使我們脫離這種偶像崇拜。

基督徒可以這樣生活的其中一個原因，是與基督連結給我們的生命一個獨特的模樣。身體的出生和死亡，仍然標誌著可以辨認的過渡，雖然遠不如我們透過水禮進入基督的身體和身體復活這盼望那樣重要。透過基督徒的踐行，我們學到生命有以前想像不到的輪廓，頗像阿博特（Edwin Abbott）十九世紀的數學幻想故事中那個「平國」（“Flatland”）來客，他驚訝地發現，對我們這些「空間國」（“Spaceland”）的人來說，物體是有三**個**維度的。[6] 對我們周圍的文化，這新模樣會顯得多餘和扭曲，令人難以接近；但這是上帝透過水禮的恩典給我們身體和生命的模樣。經重塑的生命不再由衝突和與死亡討價還價主宰。在這生命中，我們得到釋放，可以

6　Edwin Abbot, *Flatland*, 7th ed.（New York: Dover, 1952）.

懷著信心和感激接受上帝的恩賜。[7] 我們不再漠視或試圖控制死亡，而是學懂正確地看待死亡：不是視它為神，甚至不是視它為「生命的下一個階段」，而是視它為一條神祕的通道，是我們現在身為基督身體的成員需要經過的。

這一切的發生都不是魔法；它的實現有部分是門徒訓練的結果。東正教神學家古羅恩（Vigen Guroian）同意，「水禮是基督徒記念死亡的象徵性開始，也是在生命的其餘部分對此作出記念的參照點」，[8] 但他警告說，脫離死亡宰制的生命並不是水禮的自然結果。基督徒必須掙扎著記念他們投進其中的奧祕：

> 基督徒不敢不實踐死亡的教育。忘卻上帝那垂死和被釘十字架的兒子，將令人忘卻天父對祂的造物那無限和完全赦免的愛。忘卻我們曾經愛過，已經死去的人，一定會變成忘卻我們當中垂死的人。而忘卻已經死去和垂死的人，肯定會走向忘卻基督和永恆的生命。[9]

---

7 在莎士比亞的《哈姆雷特》第五幕，哈姆雷特告訴霍拉肖（Horatio），「神明模塑我們的結局／無論我們想怎樣加以雕琢」，後來又說：「麻雀掉下來，是有神特別的旨意。如果是現在，便不會等到將來；如果不是將來，便是現在；如果不是現在，總會在將來。最要緊是願意接受」。雖然可以將這理解為斯多亞派思想多於基督教，我們頗喜歡當中的基督教迴響。令第一段引文更讓人喜歡的是那用詞的平實。「雕琢」和「模塑結局」是整修圍牆的人所用的語言。

8 Vigen Guroian, *Life's Living toward Dying*（Grand Rapids, MI: Eerdmans, 1996）, 37.

9 Guroian, *Life's Living toward Dying*, 37 ～ 38.

奇弗（John Cheever）的短篇小說〈朱斯蒂娜之死〉（“The Death of Justina”）[10] 讓我們看到這種忘卻可能會帶來甚麼。一個我們只知道名叫「摩西」（Moses）的廣告撰稿人，在工作時得知他太太年老的表姊朱斯蒂娜，在一個午餐聚會後突然在他客廳的沙發上死去。摩西的老闆完全沒有同情心，要他完成廣告稿後才回去照顧太太和死去的朱斯蒂娜。那廣告是關於「活力寶」（Elixircol）的，那是一種藥物，在電視上由一個女演員推銷。「她既不年青也不漂亮，但看起來頗為放蕩，而且是節目贊助人的叔叔的情婦。」[11]

更糟的是，摩西發覺他不能安葬可憐的朱斯蒂娜表姊，更不能要求當局宣佈她已經死亡。因為幾年前匆匆通過了一條分區法例，阻止在鄰近地方開設殯儀館。這條法例令所有在這個分區內死去的人都變成不合法死亡。他向市長申訴時，市長告訴他，鎮民認為想到死亡令人沮喪：「人們不喜歡居住在這種事情不斷發生的社區」。[12] 市長最後發出死亡證，但條件是摩西要「將這件事情保密」，朱斯蒂娜終於可以落葬。但在舉行葬禮的下午，摩西在雨中想到：

> 朱斯蒂娜的一生是一個模範，但這生命結束時，她卻好像使我們所有人蒙羞。神父是朋友，看見他令人感到愉快，

10 John Cheever, “The Death of Justina,” in *The Stories of John Cheever* (New York: Alfred Knopf, 1979), 429 ～ 437。我們要多謝 Vigen Guroian提醒我們留意這個故事。

11 Cheever, “The Death of Justina,” 431.

12 Cheever, “The Death of Justina,” 435.

> 但喪禮承辦人和他的助手卻不是這樣，他們躲在轎車後面。他們不是我們大部分麻煩的根源嗎？他們宣稱死亡是紫色的吻。**不想明白死亡的人，怎能期望能夠明白愛？誰又會發出這個警告？**[13]

真的，誰會發出這個警告？基督徒門徒身分的見證，應該是摩西尋找的「警告」，我們的行動或不行動，遠比我們的言語或信念更能夠讓世界看到我們最終敬拜哪一位神。好像醫藥這樣地掌權的是強大的，我們受著試探：不加批判地接受它們，或者獨自拒絕他們。基督徒在水禮中蒙召根據基督來理解死亡，並彼此分享這理解，用古羅恩的話說，是以它作為「參照點」。我們透過令我們更遠離周圍世界的實踐而這樣做——並從而繼續重塑我們的生命。

實踐是人的標記

透過傳統學習和判斷，其實踐必然是社會性的，即使在獨自實行時也是這樣。羣體的踐行給一羣人身分和目的，將遵守那實踐的人聯合起來，也將不這樣做的人從他們中間區分出來。在宗教的飲食慣例在二十世紀後期退化為單一的美國消費文化前，人們可以知道煎煙肉的氣味不是來自嚴謹的猶太家庭，如果那天是星期五，那氣味也不會來自天主教家庭。從一開始，基督教會便強調某些將這個羣

13 Cheever, “The Death of Justina,” 437，粗體格式為我們所加。

體與其他羣體區別出來的實踐。在二或三世紀由不知名的作者寫成的《致丟格拿妥書》(*Epistle to Diognetus*)對基督徒有這樣的觀察：

> 他們居住在自己的國家，但卻是外國人；他們以公民身分參與一切，又以外國人的身分忍受一切。每個外國都是他們的祖國，每個祖國對他們來說都是外國。他們和任何人一樣結婚生子，但卻沒有令後代不受保護。他們分享食物，但卻不分享妻子。[14]

基督徒採納並傳遞下去的常規中，有一些反映了他們對身體的特別強調，這些常規包括(我們在前一章探討的)：(1)身體是上帝良好的恩賜；(2)身體因為罪而變得不完美；(3)所有具體的生命中都保留這種不完美，但基督徒在基督的身體中聚集，讚美上帝和彼此服事。基督徒承認身體無可避免地會患病和死亡。對這種必然性的其中一種回應，是指控上帝將世界造得不好，這是伊凡．卡拉馬助夫抱怨說善良的上帝不會令兒童受苦的另一個版本。現代對這種問題的回應是一個稱為「神義論」(theodicy，來自希臘語的「上帝的公義」)的哲學難題的發展，這是一系列理論，令上帝配合我們對事情應該怎樣的想法。後現代基督徒很少理會這些頭腦遊戲，轉而問：「我們既然藉著耶穌這個位格的啟示認識

14 Epistle to Diognetus 5:5～7, in *Apostolic Fathers* (Grand Rapids, MI: Baker, 1999), 541.

上帝，我們應該怎樣回應苦難、疾病和死亡？」[15]

這些回應總應該反映我們對身體那獨特的基督徒理解——作為恩賜和聚集。在這一章餘下部分，我們會考慮三種基督徒實踐，是能夠體現這種理解，並令我們能夠正確運用醫藥的力量。第一種實踐是接待；第二種是為病人抹油的禮儀；最後我們會考慮忍耐這種實踐，有人也稱它為德行。

接待不單是使人愉快

新約吩咐所有自稱跟隨耶穌的人照顧病人。這點在馬太福音二十五章是最著名的，但本書第一章提到的很多關於醫治的故事也是這樣。不單接待病人，也包括接待任何有需要的人，這是初期教會一個很突出的標記。希伯來書是頗為明確的：

> 你們務要常存弟兄相愛的心。不可忘記用愛心接待客旅；因為曾有接待客旅的，不知不覺就接待了天使。你們要記念被捆綁的人，好像與他們同受捆綁；也要記念遭苦害的人，想到自己也在肉身之內。（來十三 1～3）[16]

15 侯活士探討神義論怎樣不是基督教的問題，而「人義論」——神義論的世俗後代——則仍然處於當代科技醫學的核心。參他的 *God, Medicine, and Suffering*（Grand Rapids, MI: Eerdmans, 1990），原本的書名是 *Naming the Silences*。

16 「不知不覺就接待了天使」這段經文（創十八 1～15）記述亞伯拉罕在幔利橡樹的接待。有時這段經文被人誤用來提出某種神聖的抽獎遊戲，鼓勵每個人都實行接待的遊戲，因為總有人會贏得大獎。我們認為聖經其後在講述探訪囚犯和被壓迫的人這種得不到物質回報的任務時提到身體，已經足以反駁這點。

使徒之後的信徒十分認真看待這些吩咐，很多接待的實踐都與帝國中佔少數的基督徒有關。雖然有些羅馬作家——例如路迦諾（Lucian）——嘲笑基督徒的做法，其他人卻被他們的踐行所吸引。正如格里爾（Rowan Greer）在一篇關於早期基督徒的接待的文章中指出：

> 基督徒羣體生活的榜樣，對不信的人來說，很可能比宣告基督教的信息更有說服力。我們不可能不得出結論，說在某個層面，教會高速增長，是因為它的共同生命好像磁石一樣吸引人；多於因為基督徒的公共傳講有功效。[17]

而且，接待病人對基督身體的健康是必不可少的，正如女撒的貴格利（Gregory of Nyssa）在四世紀一篇講章中描述：

> 你看不見除了健康良好的人外，還有一些健全的人是經常受苦的……我們應該怎樣做？我們不去與那折騰一個身體

17 Rowan Greer, *Broken Lights and Mended Lives*（University Park, PA: Pennsylvania State University Press, 1986）, 123。在四世紀，叛道者猶理安（Julian the Apostate）在嘗試扭轉他帝國的基督教化時，包括計劃以基督徒對手的努力為藍本，建立異教的接待機構。猶理安在寫信給加拉太的異教大祭司阿薩息斯（Arsacius）時，促請加拉太異教徒在生命中要作榜樣，特別要設立「救濟院」，讓窮人和病人得到照顧。猶理安的「致加拉太人書」強調工作作為對抗佔支配地位的基督教的例子，支持 Greer 認為基督教透過更好的生命，比透過更好的論證更能夠吸引別人歸信這個主張。經過一千五百年後，尼采提出破壞基督教，不是藉著挑戰它的教義，而是藉著顛覆它的倫理。基督教的實踐被掌權的通俗化，大大地推進了尼采的計劃。

> 成員的疾病搏鬥嗎？另一方面，我們藉著運用整個身體的健康，將注意力轉向醫治一個患病的成員。[18]

後來，接待羣體中的病人這種做法，透過各種由教會支持的團體而變得制度化，特別是修道生活，正如聖本篤會規（Rule of St. Benedict）描述那樣：

> 在一切以先，比一切更重要的，是必須照顧病人，讓他們得到服事，就好像他們是基督本人一樣；因為基督自己說：「我病了，你們看顧我」，「這些事你們既做在我這弟兄中一個最小的身上，就是做在我身上了」。[19]

為甚麼這在今天是重要的？沒有甚麼比在身體受苦、有問題和最終死去時照顧它，更能夠訓練我們珍惜身體的恩賜。今天我們面對的大試探，是將照顧我們身體的責任交給「專家」。這些人明顯知識豐富，他們通常向我們保證，他們只會給我們最好的——也就是我們想要的。但基督徒只有透過在基督裏分享的生命才會知道甚麼是最好的。醫藥專業知道很多事情；但作為機構，它不知道的是基督。我們接觸有需要的人，以及拒絕將病人單交給「醫藥專家」的掌權的，見證我們相信上帝的良善，同時進一步透過接待的德行轉化我們。

18 引自 Amy Oden, *And You Welcomed Me: A Sourcebook on Hospitality in Early Christianity*（Nashville, TN: Abingdon, 2001）, 58～59。

19 Oden, *And You Welcomed Me*, 187.

我們不是要基督徒不看醫生。這樣做會令我們其中一人失業，另一人很難教導生物倫理學，還會帶來其他不良後果。我們想說的是，基督徒永遠都不應該認為醫生的照顧足以滿足病人的需要。我們必須實際地與我們中間的病人同在，甚至是——或許更特別是——與那些我們不認識或沒有關係的病人同在。為甚麼？因為正是在這裏，我們體現關係的薈集，而這薈集構成基督的身體。我們照顧病人，部分是因為他們需要照顧，但也因為在提供這種照顧時，我們得到轉化——它幫助我們看到我們自己的連繫，我們自己的脆弱，我們自己完全倚靠上帝的恩賜。

當然，透過探訪病人，透過參與照顧他們，透過提供食物、休息、安慰和醫藥，我們可能——甚至很可能——暗暗地想：「如果不是上帝的恩典，我也會這樣」。尼采（Nietzsche）總是懷疑這是基督徒仁愛背後的動機：只靠幸運的人擺出一副高尚但最終是有私心的姿態，他們享受幸災樂禍地看著比自己好的人有麻煩。不過，基督徒對聚集在一起的身體的理解，驅使我們說：「**藉著**上帝的恩典，我也是這樣。」受苦者和照顧者分享一個身體，在其中沒有絕對的分野。是的，照顧者從實行「仁愛」中得到好處，但如果他們以為這些好處包括在上帝面前稱義，或者對自己有良好感覺，那便錯了。我們提供接待，因為這樣做時，我們參與基督的生命，建立那個我們透過它而生活的身體。

我們其中一人到中美洲參加醫療宣教時認識了羅伯托（Roberto），他是一個嚴重營養不良的八歲男孩。羅伯托的發育遲緩了，他貧困的一家住在山上一間茅屋，缺乏各種資源照顧他和給他食物。他到達診所時，體重和他兩歲的弟弟桑托斯（Santos）差不多。羅伯托的身體因為飢餓、感染和艱苦的環境而受損，他也沒有試圖禮貌地隱藏自己的痛苦。看到他的樣子，北美的專業醫護人員的心都碎了。但在洪都拉斯診所工作的人和天主教及福音派教會的人都明白，羅伯托的情況是沒有羣體接待的結果。他們問自己：「我們怎能容許我們中間有這樣的事情發生？」

他們的回應同樣戲劇性，完全沒有流露出「富同情心」的北美洲人那種無能為力的罪疚感，而北美洲人以這種罪疚感聞名也是應該的。醫生為脱水的羅伯托補充水分，為他滅虱和消毒時，真正的羣體開始作長遠計劃和行動。他們收集食物和衣服，評估那個家庭的食水供應，招募鄰居在羅伯托回到家裏後提供幫助。醫生也可以做這些事情，但與到訪的「專家」相比，本地人有幾個優勢。首先，羅伯托是他們自己的人，他們明白那個社區有甚麼豐富和缺乏。雖然我們聲稱有專長；但他們不單熟悉，實際上更認同本地羣體，這令他們比我們優勝。洪都拉斯人憑直覺知道甚麼行動是必須、可持續和家人及整個羣體都能夠接受的。與此相關的，是他們強烈意識到羅伯托屬於他們，是一個羣體身體的一部分，只要他受苦，這個身體也受苦。我們很快便會回到自己那舒適的家，那兒有無盡選擇的和放滿貨物的超級市場，但羅伯托仍然要與自己的同胞一起。最後，洪都拉斯人遠比任何到訪的北美洲人更能夠體現接待的實踐。或許，我們更需要接待的轉化能力，但對他們來説，接待是終生的習慣。

其後的醫療「部隊」再探訪羅伯托的家庭，察看在醫療方面有沒有進展，結果發現有一點。羅伯托的飲食改善了，他也比以前清潔，也學懂在協助下走路。不過，對他的羣體來説，這工作是持續、長期的接待實踐，不能以醫學標準那種「按結果量度」的方式來衡量。

這種生活方式至少與北美洲人的一種普遍情感有衝突，那就是「不想成為別人的負累」。即使是非基督徒也應該明白，現在有這種情感實在已經太遲了。我們由母親懷胎，從嬰孩時開始接受養育，吃由別人種植的食物，居住在別人在其上流汗流血的土地，並從無數人的成果中學習——雖然他們得不到普遍承認，但我們有幸與他們分享這個地球；我們所有人，無論患病或健康，都已經總是別人的負累。我們懷疑人們説不想成為別人的負累，意思其實是他們不想失去自主的幻象。我們很難知道我們對自主的渴求和對「成為負累」的恐懼，是現時這個世代缺乏信任的病徵還是病因。我們害怕失去控制，是因為沒有人可以信任；還是我們缺乏信任，是因為我們假設每個人（甚至我們的兒女）都會運用他們的控制損害我們？無論怎樣，我們生命的中心那個洞，都同時是由羣體和上帝模塑的。好像被推到餓死邊緣的難民，我們撲向任何像食物的東西，甚至抓著鄰居未吃完的那碟食物，雖然我們尋求的食物，是好像舒適、歸屬感、從被拋棄在宇宙中孤身一人沒有同伴這種絕望的感覺中得喘息這樣的東西。

在北美洲所實行的醫藥工業，有一系列科技方法，令控制（或者至少舒適）看似是可能的，至少可以維持一段時間。但我們已經指出，父母（至少是那些沒有完全受文化洗腦以致忽略了自己的經驗的父母）怎樣很快便學懂任何所謂控制的虛幻本質。在最好時，教會（而教會很少處於最好狀態）體現另類的異象，提供的不是舒適——如果我們的舒適是指安慰的幻象或斯多亞式的順從——而是相信我們總是在關係中，並平靜地信任我們永遠都不孤單。由水禮和接待的實行模塑的基督徒，學習將一切當為恩賜來接受，而且根本沒有時間理會好像「不想成為別人的負累」這種廢話。要耶穌召集的人愛和服事主，也彼此相愛和彼此服事，實在有太多事情要做。[20]

受苦和抹油

斯卡里（Elaine Scarry）將她對人類苦難的有力默想稱為《痛楚中的身體：一個世界的創造和毀滅》（*The Body in Pain: The Making and Unmaking of a World*）。[21] 沒有多少東

20 正確理解自主作為人類尊嚴和在上帝之下的自由肯定是恰當的。過分高估自主，除了是誤解外，是否也是罪？以下是 Scott Cairns 的話：

另一方面，

心的悔改（metanoia），
沒有悔恨地轉，不是
轉**離**，而是轉**向**，
彷彿遲鈍的朝聖者
驚訝地發覺
罪不是那麼**糟**
更糟的是，罪浪費時間。

引自“Adventures in New Testament Greek: Metanoia”收錄在 *Philokalia*（Lincoln, NE: Zoo Press, 2002）, 15。獲作者准許轉載。

21 Elaine Scarry, *The Body in Pain: The Making and Unmaking of a World*（New York: Oxford University Press, 1985）.

西比痛楚和苦難更質疑世界和它的創造者的良善。不過，在神義論的現代哲學問題以外，身體的痛楚挑戰我們與別人的感通一體(solidarity)。斯卡里指出，對受苦的人來説，世界沒有甚麼比他們的痛楚更確定。但對那些嘗試明白和同情受苦者的人來説，沒有甚麼是更不確定的，因為痛楚不能量度，除了受苦的人以外，別人都不能經驗或表達痛楚。[22]

痛楚令受苦的人的世界縮小，首先是藉著限制個人有目的地在世界行動的能力，但最終是藉著將世界縮小到個人身體的大小：「強烈的痛楚……破壞個人的自我和世界，這種破壞在空間中經驗為宇宙縮小到只在身體的附近，或者身體膨脹到充滿整個宇宙」。[23] 而且，痛楚破壞語言。在自我和言語的解體中，甚至傳達個人痛楚的盼望也失去了：「身體的痛楚不單抗拒語言，也積極破壞它，帶來即時回到語言之前的狀態，回到人類學懂語言以前的聲音和呼喊。」[24]

痛楚甚至質疑醫藥的能力。醫藥宣稱是科學的學科，為了人類的好處而改變世界上面可量度和驗證的東西。但正如我們指出，痛楚是獨特地不能量度的，即使訴諸痛楚的生理機能關聯(physiologic correlates，例如心跳、流汗、面部扭曲等)和臨牀的痛楚級別，雖然這些級別假裝可以量化，但仍然需要倚賴受苦的人那不能量化的報告。更糟的是，醫藥語言和行為透過病人不熟悉的術語和將疾病(往往也將病人

22 Scarry, *The Body in Pain*, 4.
23 Scarry, *The Body in Pain*, 35.
24 Scarry, *The Body in Pain*, 4.

自己）客體化，進一步使受苦的人疏離。[25] 醫生在醫學院和實習時都受到教導，要重視客觀、可量化和可分離的東西，多於重視無可救藥的主觀、質量性和整體的東西，以致他們留意病歷的某些部分，同時又系統地忽略其他部分。醫生這樣做藉以正確診斷和治療疾病，在可能的治療中審慎地選擇。不過，為了達到這個他們希望達到的目的，病人卻被客體化成健康護理資源的消費者。醫藥中失去的是病人**具體的經驗**。[26]

牧者和院牧放棄與宗教連繫的語言，改用醫藥和心理治療的個人語言，例如強調受苦的病人迅速經過接受「步向死亡的階段」時，便增強了醫藥的權力那帶來疏離的效果。這種牧養建議強化病人的無助，將他們的苦難化約為一套很大程度上是私人的任務，是其他人無論多麼努力嘗試幫忙，都永遠不能真正分擔或明白的。基督徒接待的踐行指向一種完全不同的取向，目的是將受苦的人重新納入身體——如果不是藉著治癒，也就是說消除他們苦難的成因；至少也是透過醫治，令他們的苦難成為身體的生命真實的一部分。因此，受苦的人的任務是羣體性而不是私人性的。他們給羣體一些東西，是如果沒有他們，羣體便會缺乏的。正如賴索熱（M. Therese Lysaught）在考慮耶穌的醫治事奉時指出，耶穌吩咐

25 在這裏和以下的討論，我們要感謝 M. Therese Lysaught 富有洞見的文章“Patient Suffering and the Anointing of the Sick”。這篇文章最初在 *The Cresset*, Feb. 1992, 15 ～ 21 發表。

26 關於一位醫生以人類學知識嘗試恢復具體的經驗這種語言，參 Arthur Kleinman, *The Illness Narratives: Suffering, Healing and the Human Condition*（New York: Basic Books, 1988）。

那些得醫治的人，要將上帝拯救能力的信息傳遞下去，這是一種佈道和轉化的實踐，「以聖餐和服事病人的踐行在當代教會中體現出來」。[27]

在耶穌的醫治事奉這些聖禮式體現中，受苦的人不單在身體上得到羣體觸摸，也得到保證，他們仍然對羣體生命有積極的貢獻。聖禮**從來都不是只**關乎「個別接受的人」，因為所有聖禮本質上都是羣體性的；聖禮恩典的「接受者」是基督聚集的百姓，最終更是整個世界。[28]

特別是在抹油這個源自新約聖經的雅各書（五 14），並在羅馬天主教為病人傅油和東正教傅油（*Evchelaion*）中找到的禮儀實踐中，病人和受苦的人有特別的責任：

> 病人反過來給羣體一個標記：在守這聖禮時，他們見證他們在水禮時承諾在基督裏受死和埋葬。他們告訴羣體，在他們現時的苦難中，他們預備好在自己的肉身中……為了世界得拯救……而補足所缺乏的。而人們相信並視病人為羣體中富生產力的成員，病人藉著自由地將自己聯繫到基督的受苦和死亡，為羣體的福祉帶來貢獻。[29]

27 Lysaught, "Patient Suffering and the Anointing of the Sick," in *On Moral Medicine*, 2nd ed.（Grand Rapids, MI: Eerdmans, 1998）, 361.

28 參 Megan McKenna, *Rites of Justice: The Sacraments and Liturgy as Ethical Imperatives*（Maryknoll, NY: Maryknoll, 1997）和 Alexander Schmemann, *For the Life of the World: Sacraments and Orthodoxy*（Crestwood, NY: St. Vladimir's Seminary Press, 1998）。

29 National Council of Catholic Bishops, *Study Text 2: Pastoral Care of the Sick and Dying*（Washington, DC: Office of Publishing Services, USCC, 1984）, 20.

我們其中一人記得自己教會一個特別感人的例子。約翰是教會一位資深會友，醫生診斷出他患了腦癌。他要求在他家庭定期出席的禮儀中接受傅油聖事。我們領了聖體後，神父召集這個家庭上前。約翰的太太扶著患病的丈夫。他們的兒子在旁邊，努力控制自己的情緒，但終於還是忍不住雙手抱著父親靜靜地哭泣。神父替約翰傅油，整個羣體祈求約翰得醫治。這本身已經很感人，但當約翰那個也是教會會友的腦外科醫生上前擁抱約翰一家，接受羣體的祝福時，我們大部分人都哭了。更重要的是，我們作為羣體得到祝福，因為約翰的疾病沒有使我們分開，而是在禮儀中使我們聯合。

幾年之後的今天，約翰經過手術和化療後情況良好。有些人可能推斷那「屬靈的一刻」和約翰的復原之間有一種因果關係，無論那關係多麼薄弱。但正如我們較早時提出，這樣是不加批判地假設醫藥的觀點，認為疾病是需要消除的問題，讓病人和照顧他們的人可以恢復更「富生產力」的活動。[30] 因此，「醫治」是以醫學和經濟而不是神學來界定，屬靈實踐被化約為差不多是治療的工具，是醫藥軍火庫中的另一件武器。其他人可能視傅油為：主要是情感經驗，不大可能是人們在天主教會中期望的事情。不過，從神學角度看，這是羣體取回屬於它的人，而患病的人則向聚集的百姓見證，甚至疾病和死亡都不能使我們彼此分離。不是因為他們患病，而是透過和因為那疾病，他們服事會眾。

透過抹油的禮儀（理解為「眾人的工作」），病人服事羣

30 雖然界定甚麼構成「富生產力」通常是交由個人進行，北美生活的推動力暗示這必然包括大量攫取和花費。

體，藉著為聚集的身體提供對世界的另類視角，擋開疾病對所謂自主自我的完整性的威脅。[31] 這實踐和它體現的另類視角，好像艾略特的智者，令我們在我們以為可以由我們操縱的世界成為陌生人：

> 基督徒對受苦、疾病和醫治的理解，在公共崇拜的儀式和禮儀中體現出來。這種理解挑戰當代文化的理解。教會的「論述」挑戰世俗社會的論述。他們拒絕惟獨根據受造物的合理性建立受造物的價值，拒絕將受苦和死亡的現實稱為「敵人」，拒絕認可向世界封閉，害怕和排斥「他者」的態度。由基督徒羣體的教會踐行而模塑的病人和醫生，會發覺自己沿著不同的路，在醫藥和生物倫理學的世界中行走。因為他們看到的「人」、「威脅」、「困境」、甚至「世界」，都可能與他們的同事十分不同。[32]

我們透過重塑的生命服事基督和祂的百姓，願那不同長存（*vive la différence*）！

病人和忍耐

每個春天，本地一間園藝店都會掛起一個大招牌，上面寫著：「**鳳仙花**（**Impatiens**；譯按：這個拉丁詞語又可解作不忍耐。）是美德。」他們當然是對的。很少花好像這種常見

31 Lysaught, "Patient Suffering," 362.

32 Lysaught, "Patient Suffering," 362～363.

的一年生植物那樣令缺少陽光的角落生色。但這個雙關語針對的是老掉牙的形象：滿頭白髮的主婦勸急躁的子孫耐心等待，因為好東西很快便會來到。在我們這個時代，甚至**忍耐**這個詞也被好像「**延遲滿足**」（**delayed gratification**）這樣有心理學色彩的詞語取代。無論我們選擇「延遲滿足」，還是跟從另一個口號的建議——「不要押後歡樂」，我們都明白，我們遲早會得到自己想要的東西。祖母關於「美德」的胡扯在消費社會根本不管用。[33]

我們患病時，大部分人都想立即好轉，或者至少盡快好轉。談及「忍耐的美德」只是作為治療技巧對我們才有意義，那只是一點兒智慧，用來勉強接受醫藥現時的限制，並希望那是暫時的。人們假定將來的世代會完全控制降臨在身體上的所有壞事，到時這種粗疏的學問便沒有多大用處。不過，如果我們現在運用「忍耐的技巧」，當我們終於回復最佳狀態時，會更能夠欣賞自己的健康。但這裏的問題是，「忍耐的技巧」就好像「珍寶小蝦」（"Jumbo shrimp"）一樣是矛盾說法。

技巧，無論用在醫藥、工程還是焗蛋糕上，都是工具性程序，我們藉以帶來我們想得到的結果。簡單來說，技巧是

33 Alasdair MacIntyre 在 *After Virtue*, 2nd ed.（Notre Dame, IN: University of Notre Dame Press, 1984）中探討了希臘語 *arête* 具體地怎樣變成「德性」（來自拉丁語的 *vir*，指「男性」），以及怎樣在很久以後等同典型的「女性」被動。尤參第十六章，"From Virtue to Virtues to After Virtue"。關於等候好事來到，MacIntyre 指出最非女性的機構——城邦——怎樣促請公民在為城邦的目的獻上自己的生命時這樣做。參 MacIntyre 的 "A Partial Response to My Critics"，收錄在 *After MacIntyre: Critical Perspectives*, edited by John Horton and Susan Mendus（Notre Dame, IN: University of Notre Dame Press, 1994）, 303。

將我們的意志加諸世上物體的方法。忍耐很少是被動的，它與事情本來的方式合作，與我們得到的恩賜的模樣合作。忍耐往往是十分艱難的工作，要求我們順應宇宙地勞動。[34]

國家公園局（National Park Service）花了很多時間和金錢修復遠足人士留下的痕跡帶來的破壞。特別是在美國西南部的峽谷，一條很長的之字爬坡路線兩部分之間的捷徑可能要多年才能夠重新有植物覆蓋，而脆弱的泥土上留下的鞋印對複雜的微生物環境造成的破壞，可能永遠都不能修復。那些想享受但又不損害峽谷的遠足人士學懂**沿著**山坡走，沿著迂迴曲折的之字爬坡路線走，而不是直接衝向下面的河流，留下一大片破壞。他們也明白最好不要到訪峽谷中特別脆弱的地方，因為人類往來只會損毀那裏留下的珍貴物品。到峽谷遠足不是在公園散步。不過，如果做得好，它可以教導遠足人士以另一種方式看世界的美。忍耐就是好像這樣的東西。[35]

忍耐的實踐不單要求我們知道甚麼時候應該做某些事情，也要求我們知道甚麼特定的事情應該或不應該做。羅伯托的洪都拉斯鄰居知道甚麼社會環境可能改變，甚麼很難應付。他們也明白怎樣提供帶來解放的照顧，又不致鼓勵人們

34　我們在這裏明顯得感謝 John Howard Yoder，他寫道：「揹十字架的人是配合宇宙而工作」（引自 "Armaments and Eschatology," in *Studies in Christian Ethics* 1, no. 1〔1988〕: 58）。

35　Wendell Berry 寫了大量關於良好和有害的工作的著作，我們很難知道應該從他哪一本書開始。只需拿起他任何一本散文集，你都會發覺他明確發展這個主題。當然，他的故事和詩也以沒有那麼教導性的方式反映同樣的智慧。

變得無助。[36] 而且，由於習慣和身處的地區，他們都更能夠接受照顧羅伯托所需要的忍耐。我們北美洲人定期每兩星期到訪一次，很快便會回到美國。當地人需要提醒我們怎樣放慢腳步，尋找微小但確實在增加的進步，並接受即時的果效即使可能，或許也並不可取。

這一切只是說，在我們患病時忍耐是艱難的事情。正如侯活士和平奇斯（Charles Pinches）警告說：「如果我們在第一次要運用忍耐時是病人，我們肯定做不到，因為沒有甚麼學習忍耐的時候是比患病時更糟的」。[37] 疾病攻擊我們的秩序感，干擾將命令由思想透過身體傳到「外面世界」可以操控的物體這天衣無縫的過程。正如我們較早時提出，基督徒應該懷疑這種區分，但即使在聚集的身體中，我們也很難揚棄社會的所有假設。正如樂隊「小技藝」（Little Feat）的歌曲那樣，我們懷疑自己「⋯⋯正在走下坡／當思想給予身體不能實現的承諾」。[38] 為了在患病時恰當地行動，我們在整個基督徒生命中都必須操練忍耐，而這表示恢復一種聚集的身體重視的實踐。

忍耐不是無奈地順從。它也不是好像我們其中一人聽到一個年長女士在醫院病房的盡頭那樣一再呼喊：「天哪，我

36 Industrial Areas Foundation（IAF）的西南區域總監 Ernesto Cortes 談及將金律（Golden Rule）和鐵律（Iron Rule）配合：「永遠不要為別人做他們可以自行做的事情」。

37 引自 Stanley Hauerwas and Charles Pinches, "Practicing Patience," 收錄在 *The Hauerwas Reader*（Durham, NC: Duke University Press, 2001），356。

38 "Old Folks Boogie," by L. George and B. Payne.

在等你們拿早餐給我」，直到護士終於學懂先招呼她。實踐忍耐是盼望這種美德的一部分，源自我們相信上帝仁慈的恩賜不單在我們生命的盛年，也在我們生命終結時賜給我們。透過耶穌的死亡和復活，我們最可怕的敵人——死亡和虛弱——已經被征服。忍耐並非表示在痛苦中死去時高唱：「總要看著生命光明的一面」。[39] 上帝一些最好的朋友沒有在「上帝完美的計劃」面前強忍地順從，而是對上帝有足夠的信任，以致能夠激烈地哀慟。猶太人是基督徒在信仰上的姊姊和兄長，他們比我們更清楚這點。當然，猶太人由聖靈引導而寫了詩篇，其中大部分都不是描繪滿足的。[40] 忍耐要求我們在懷著喜樂的盼望等候主再來時，正確地為衰殘的身體——包括我們自己和鄰舍的——哀慟。

但這種盼望可以有甚麼模樣？侯活士和平奇斯提出三個基督徒忍耐的記號。首先，忍耐是有形體的。我們的身體將無可避免地變得軟弱和死去，但實踐忍耐要求我們愛「我們的身體使之成為可能的好事，而又不憎恨我們的身體」，對上帝的拯救能力有信心，總是記得「我們不是自己的創造」。[41] 第二，忍耐是羣體性的。「學習與別人的不可避免性共存，就是學習忍耐。這種忍耐不單來自我們無力要求別人實行我

39 *The Life of Brian*，由 Terry Jones 導演（London: Python〔Monty〕Pictures, 1979）。

40 James F. Keenan, S.J. 在他的文章“Suffering and the Christian Tradition”中引述猶太和非洲裔美國婦女的哀慟和「無禮地說話」模式。這篇文章可以在網上找到，見 http://info.med.yale.edu/intmed/hummed/yjhm/spirit2003/suffering/jkeenan1.htm。

41 Hauerwas and Pinches, “Practicing Patience,” 365.

們的意願；更深刻的是，它源自他者的存在可以也確實在我們裏面創造的愛」。[42] 第三，忍耐會在一生中活出來，不是讓突然患病的人很快取得的自助技巧。我們藉以學習忍耐的踐行包括「好像種植食物、建立庇護所、織布、寫詩、打棒球和生兒育女等有價值的活動。這些活動不單花時間，也藉著迫使我們一步一步地走而創造忍耐」。[43] 侯活士和平奇斯總結說：「簡單來說，我們有能力花時間享受上帝的世界——無論在我們健康還是患病時，有賴我們看到那實在是上帝的世界」。[44] 那享受需要有很大的信任，信任上帝和信任上帝聚集我們成為的百姓，而在一個以恐怖主義和憎恨多於以信任為標記的世界，這是很難得到的。

我們其中一人認識一位女士，她晚年受到一系列健康問題困擾，包括柏金遜症、心臟問題和影響行動的背痛。她深受自己那一代的天主教實踐和態度影響，包括「獻上」苦難補償自己的罪這種充滿楊森（C. O. Jansen；譯按：楊森主教，荷蘭天主教神學家，倡導過激〔或嚴厲〕思想；強調原罪徹底破壞了人的本性，人已經沒有自由意志，基督救世只限於預定者，被教宗判為異端）色彩的做法。雖然這樣，她完全不喜歡自己的痛苦，不斷祈求痛苦消失。她的長子和她的關係有時頗為緊張，他將母親的祈求及其他話都解讀為渴望進行類似由醫生協助的自殺這樣的事情，也就是利用科技永久脫離痛苦，他認為母親只是出於敬虔才沒有這樣做。

42 Hauerwas and Pinches, "Practicing Patience," 365.

43 Hauerwas and Pinches, "Practicing Patience," 365.

44 Hauerwas and Pinches, "Practicing Patience," 365.

大部分其他人感到完全不能確定她有這個意圖，因為這與她身為母親和教師，一生都耐心地服事別人的做法並不一致。最熟悉她的人留意到，雖然她受苦，但卻喜愛説笑話，並特別喜歡與孫兒女分享笑話。這令她與他們建立了一個講故事的羣體，如果今天你問那些孩子從哪裏學會説笑話，他們便會開始告訴你他們祖母的故事。她死於自然原因之時，守夜、葬禮彌撒和其後的家庭聚會都不時有笑聲，因為人們互相講述他們喜愛的故事和笑話。她的孫兒女仍然記得她受的苦，他們顯然對別人的痛苦很敏鋭，或許那是因為他們對她的痛苦那麼熟悉；但他們印象最深刻的是，祖母是喜歡笑話的人。這就是她的遺產，這份禮物比她地上的生命更長久。她死時沒有匆忙，而是在羣體中活到終結——而且超越終結。

醫藥作為服事和呼召

作為一羣以前和現在都由獨特的踐行模塑的人，基督徒應該怎樣與醫藥的掌權的交往？在接下來幾章，我們嘗試以我們生命的特定時刻為背景來探討這個問題，提供基督徒實踐具體、活生生的例子。不過，現在我們會簡略地思考一下：如果醫藥與創造主有恰當的關係，它將會有甚麼模樣。

關於這個課題，東正教平信徒兼哲學教授拉爾謝（Jean-Claude Larchet）的著作有精闢的見解，以下的討論會以他的著作為基礎。我們以醫藥作為其中一種掌權的來對待，也與拉爾謝相似。他承認醫藥「普遍被視為將慈善付諸實踐一種十分特別的方式」，但它至少和任何人類的努力一樣不完美，能夠帶來的邪惡和良善一樣多。[45] 拉爾謝論證說，基督徒不能做的是視醫藥為**獨立**於上帝的良善以外的良善：「基督徒雖然倚靠醫生，但只是視他們為中介人。他們奉上帝的名找醫生，透過醫生要求得醫治，但卻是向上帝祈求醫治」。[46] 因此，基督徒醫生必須培養一種恰當的謙卑，用我們上面的用語，是明白他們蒙召順從宇宙而工作，耐心地依從上帝在良好的創造中賦予我們的模樣。基督徒醫生不能將生理現象和他們面前的人分開：「患病的身體總是人的身體；它的情況總是連繫到靈魂，那人的心理和靈性狀況」。[47]

基督徒病人同樣必須明白他們從來都並非**只是**身體，再次回到我們前文的用語，那是氣息和塵土在一個被賦予身體的靈魂之中聯合起來。「藉著在患病時求告上帝，基督徒令患病成為身體得拯救的時刻，但也是他們靈魂得救的時刻，且是更重要的⋯⋯重要的是在上帝裏面經歷醫治和疾病，無論是用甚麼方法得醫治」。[48] 因此，對醫生和病人來說：

> 每次醫學介入都同時成為象徵和呼召。在轉向病人時，醫生邀請他們考慮上帝的憐憫並轉向祂。他們醫治病人的身體時，邀請病人要求靈魂得醫治。他們將疾病變為健康時，鼓勵心的轉化。因此，他們在醫藥藝術中顯明一種象

45 Jean-Claude Larchet, *The Theology of Illness*（Crestwood, NY: St. Vladimir's Seminary Press, 2002）, 104 ~ 105.

46 Larchet, *The Theology of Illness*, 117.

47 Larchet, *The Theology of Illness*, 120.

48 Larchet, *The Theology of Illness*, 122.

徵意義，是超越它的基本功能，而又不致否定它的。[49]

醫藥作為上帝拯救能力的象徵，這個看法不是現代醫藥課程的主要部分，甚至連有宗教背景的大學也是這樣。如果人們不僅視醫藥為一項專業(雖然今天除了消費者選擇的福音以外，它已沒有多少東西可以宣稱相信；譯按：profession〔專業〕和 profess〔宣稱相信〕乃同源詞彙)，便會將它理解為服事，或甚至在少有的情況下，理解為公義的工作。基督徒能夠也應該接受這點，但卻永遠不能無視我們最終服事，並尋求祂的公義的那一位。[50] 這種謹慎不容易維持，也正因為這樣，上帝聚集我們成為一個身體——對注視著它的世界來說，這個身體看起來可能頗為奇特，偶然顯得落後，有時完全不可理喻。一如以往，世界的掌權的會宣稱它們有更好的方法，而正如我們已經看到，其中一個方法是將健康變成物神，將死亡變成貪婪的神。讓我們再引述侯活士的話：

基督徒和非基督徒發覺自己被「我們對健康的關注」主宰的原因，是在沒有教會時，醫藥不能不主宰我們的生命。因為醫藥變成了沒有盡頭，沒有處境，沒有任何更大羣體

49 Larchet, *The Theology of Illness*, 123.

50 解放神學家 Gustavo Gutiérrez 警告說：「強調公義和與窮人感通一體，永遠不能變得偏執，以致令我們看不見這種委身只是在上帝白白的愛這廣大和神祕的領域裏，才能夠反映它的價值和終極意義。」見 Gustavo Gutiérrez, *On Job: God-Talk and the Suffering of the Innocent* (Maryknoll, NY: Orbis Books, 1987), 96.

> 給它目標的有力實踐。相應地，今天基督徒最重要的是恢復基督徒的醫藥踐行，是由教會的踐行模塑的，特別是由水禮模塑⋯⋯對由那現實，也就是與上帝一起的生命的現實，所決定的生命來說，理解疾病和照顧病人的方式，不能不與世界理解患病的方式不同。[51]

在以下幾章，我們會具體看不同的基督徒由好像水禮這樣的實踐模塑時會怎樣。

51 From "Sinsick"，收錄在 Stanley Hauerwas, *A Better Hope: Resources for a Church Confronting Capitalism, Democracy, and Postmodernity*（Grand Rapids, MI: Brazos Press, 2000）, 199。

第五章
生兒育女有甚麼目的？

如果這本書是傳統的醫學倫理學著作，我們可能會先用幾個段落來討論「正常」的生育，然後進入好像墮胎、輔助生育或複製等「真正的問題」。醫學倫理學家和其餘的人一樣，假設經過百萬年的實踐後，人類對關於生育的一切，為甚麼我們這樣做，生育有甚麼目的，都瞭如指掌。但我們從沒有計劃寫一本傳統的書，所以我們倒想停下來，思想一下這些表面上已經得到解決的問題。

執政及掌權的保持控制的其中一種方法是限制我們的想像，扼殺好像「為甚麼這樣做事？」這類不相干的問題。如果我們已經知道自己為甚麼想有孩子，我們的想像力和精力便可以繼續專注於得到孩子。但醫藥的科技力量也改變我們對事物的想法，藉著應許提供「我們想要的」來改變我們的期望。[1]

---

1 在 George Orwell 的 *1984* 中的理解是：有限的語言（也就是「新話」

科技醫藥總是善於提供我們想要的東西，它愈來愈有能力不單帶來任何孩子，更可以按特定要求帶來孩子。這是頗新的事物。出現了體外受精（IVF，in vitro fertilization 的縮寫）、代孕和以「植入前遺傳診斷」（PGD，pre-implantation genetic diagnosis 的縮寫）來篩選和清除帶有缺陷的胚胎，有可能令我們對「正常生育」的理解不受影響嗎？

只要負擔得起這種「治療」，新科技令我們的兒女有愈來愈多的特點變得可受控制；這反過來改變我們看兒女的方式。利爾斯（Jackson Lears）在思想十九世紀對童年那種近乎偶像崇拜的畫像時，指出維多利亞時代的人將兒童由小成年轉化為高級寵物。[2] 以後的百多年，更進一步將兒童轉化為更像消費品的東西。倫理學家霍爾（Amy Laura Hall）指出，當代關於兒童那種柔情的形象與短短幾十年前的兒童形象已經有分別：

> 看一看格迪斯（Anne Geddes）所拍的照片，兒童好像南瓜，或者好像花朵：嬰孩作為商品，讓你消費或者摘來放在花瓶。將這些兒童與羅克韋爾（Norman Rockwell）所拍攝的兒童作對比。他的照片描繪的兒童幾乎都是膝蓋破

〔Newspeak〕）限制想像力。如果沒有詞語表達「抵抗」，抵抗本身便不能維持，如果每個詞語都只有一種得到認可的解釋，便不會有意見或信念的差別。在 Aldous Huxley 的 *Brave New World* 中的理解是：如果人們得到自己想要的一切，他們便會喜愛受奴役。

2　Jackson Lears, *No Place of Grace: Antimodernism and the Transformation of American Culture, 1880 ～ 1920*（Chicago, IL: University of Chicago Press, 1981）, 144.

> 皮，或者表現出孩子的混亂——我想到一幅畫是一些男孩在奔跑，嘗試拉起褲子。他們剛與小狗在水池中游泳。他描繪的兒童與其他兒童一起，表現出兒童必然有的一團糟……〔格迪斯的畫作則是〕……一種十分危險的偶像崇拜……一種純粹柏拉圖式的「嬰孩」，個人可以根據自己的欲望設計的「嬰孩」，可以消費的「嬰孩」。還要留意，那些嬰孩身上從沒有食物的痕跡；如果你對幼童不是一無所知的話，便知道他們身上總是沾有食物。這些照片裏的兒童是從不消耗我們的；**他們是我們著迷消費的嬰孩**。那些稚童的畫像顯示美國一種主流文化：視兒童為補充和滿足個人生命的方法，而不是對我們自己的盼望、夢想和目標的干擾。[3]

我們科技的力量和它們產生的形象，將兒童由人變成寵物，再變成可供消費的附屬品，而每一步都得到我們同意和許可。基督徒不應該上當。我們的生命透過水禮和聖餐禮在基督裏得到重塑，令我們與仍然受制於執政及掌權的的世界格格不入。如果基督轉化整個創造，我們對「生兒育女有甚麼目的？」[4] 這個問題的答案肯定要在經轉化的人中找到。

在公開場合提出這個問題很不禮貌。如果我們還是提出

3　引自“An Interview with Amy Laura Hall,” in *The Other Journal*, no. 4；粗體格式為我們所加。

4　我們希望讀者明顯看到我們得益於 Wendell Berry。他經常反思現代對科技的著迷，問：「我們這樣做有甚麼目的？這樣可以服事誰？」他的文集 *What Are People For?*（New York: Farrar, Straus, and Giroux, 1990）是其中一個他這樣做的地方。

這個問題，人們在不自然、吃吃地笑一會後，可能會告訴我們：「生兒育女沒有**甚麼**目的；兒女本身就是目的」。這可能是真的，但沒有多少證據證明我們真的相信這句話。例如：在兒童醫院，醫生巡房時的口頭講話往往將孩子描述為「計劃生育的產物」，隱含的意思是「沒有計劃」的生育是有問題的。這個觀點的問題在於孩子存在背後的那些成年人的意圖。以這種及其他方式，兒童要接受不明言的價值測試——包括來自父母和「社會」的。在當代北美社會，父母利用科技使兒女相隔一段時間才陸續出生，至少是物質充裕家庭的兒女是這樣，而且他們只是暫時得到接受，要等候產前檢查的結果才得到最終決定。

這些關於價值的計算，充滿了隱含的假設和神話。首先，我們不清楚這裏考慮的是甚麼「社會」——世界、北美和它的經濟，「消費的公眾」還是醫藥—工業複合體。在計算人類生命的「成本」和「價值」時，也有很廣闊的詮釋空間。一篇醫學文章提出以「三重篩選」作為護理懷孕者的標準：三重篩選是一系列產前檢查，用來診斷唐氏綜合症和其他狀況，為準父母提供資料，讓他們決定是否墮胎。文章的分析包括以美元計算「養育一個唐氏綜合症孩子所需的社會成本」。[5] 兩位有唐氏綜合症子女的兒科／婦科醫生反駁這篇文章，他們聰明地提出「一個『正常』人成為醫生的社會……

5 Owen P. Phillips, Sherman Elias, Lee P. Shulman, et al., "Maternal Serum Screening for Fetal Down Syndrome in Women Less than 35 years of Age Using Alpha-fetoprotein, HCG, and Unconjugated Estriol: A Prospective Two-Year Study," *Obstetrics and Gynecology* 80 (1992) : 353 ~ 358.

成本」。[6] 雖然現在仍然沒有可靠的產前檢查確定胎兒會否成為醫生，「三重篩選」和其他類似有質素保證的測試都得到廣泛和頻密的使用。在美國，估計有百分之九十被診斷出患有唐氏綜合症的胎兒都被打掉。[7] 這就是所謂兒童「本身就是目的」。

「計劃生育」(Planned Parenthood；譯按：國際性組織，提供生育和母嬰健康服務。在美國因為支持墮胎而備受爭

6 Thomas Elkins and Douglas Brown, "The Cost of Choice: A Price Too High in the Triple Screen for Down Syndrome," *Clinical Obstetrics and Gynecology* 36, no. 3 (1993): 5325 ～ 5340。在討論中，Elkins and Brown 引述 Barbara Katz Rothman 很大程度上被忽略的警告：「產前檢查這種科技是要給人更多選擇。不過，雖然新科技總能夠提供一些新選擇，但也取消了一些以前有的選擇……產前檢查作為品質控制的科技，是以某個社會認為甚麼構成孩子的『品質』為基礎。控制我們孩子的『品質』的能力可能最終以選擇不控制那品質這個選擇為代價……在人們的決定變得更實用，而且往往出於臨牀考慮，更總是由個人作出，因而令選擇減少時，基本價值觀、信仰和更大的道德問題便會失卻了」(引自 Barbara Katz Rothman, "Prenatal Diagnosis," in *Bioethics and the Fetus: Medical, Moral and Legal Issues*, edited by J. M. Humber and R. F. Almoder〔Totowa, NJ: Humana Press, 1991〕, 173 ～ 175)。

7 很難找到可靠的統計數字，但幾乎所有評論都承認絕大多數在產前檢查發現胎兒有唐氏綜合症的個案都以墮胎告終。英國在這方面的統計數字比美國好得多，在 1989 和 1997 年之間的墮胎率是百分之九十二(David Mutton, Roy Ide, Eva Alberman, "Trends in Prenatal Screening for and Diagnosis of Down Syndrome: England and Wales 1989 ～ 1997," *British Medical Journal* 317〔1998〕: 922 ～ 923)。波士頓的Brigham and Women's Hospital 在 1988 和 1990 年間觀察到的比率是百分之九十一 (T. M. Caruso and L. B. Holmes, "Down Syndrome: Increased Prenatal Detection and Dramatic Decrease in Live Births: 1972 ～ 1990," *Teratology* 49〔1994〕: 376)。產前檢查更多是提供給「較年長」的婦女，根據統計數字，她們有較高風險懷有唐氏綜合症的孩子(參 *Morbidity and Mortality Weekly Report* 43〔33〕: 617 ～ 623)。

議。）宣稱它的目的是確保每個出生的孩子都是父母想要的孩子，[8] 但我們仍然要回答我們為甚麼想要孩子這個問題。在聖母院（Notre Dame）大學一個關於婚姻的課程，侯活士問他的學生：「你會為自己或別人想要孩子的舉動給予甚麼原因？」

> 我會得到好像：「唔，孩子帶來樂趣」這樣的答案。如果是這樣，我要他們想一想他們的兄弟姊妹。另一個答案是：「孩子可以防止孤獨。」這樣我便建議他們養狗。我也會指出，如果他們真的害怕感到孤單，他們應該想到他們養大的人結果會變成陌路人。另一個學生的回答是：「孩子表明我們的愛。」我回應說：「唔，如果你的愛改變，但你仍然不能擺脱他們，那會怎樣？」⋯⋯有三四次，班上有人——通常是年青的女士——舉手說：「我不想再談這個問題」⋯⋯他們知道自己會有孩子，但卻完全不知道為了甚麼，而他們又不想研究這個問題。你可以在整個學期談論

8 「計劃生育」的創辦人 Margaret Sanger 提倡將「人類雜草」隔離和絕育，同時鼓勵有計劃地培養「優良品種人類」——例如在 *The Pivot of Civilization*（New York: Brentano's, 1922），是在沒有那麼強調政治正確的時代。Sanger 對美國優生運動的接受及與它合謀，在 Edwin Black 的 *War against the Weak: Eugenics and America's Campaign to Create a Master Race*（New York: Four Walls Eight Windows, 2003）中有簡短的回顧。Black 這本書十分詳細地講述優生學的「科學」來源，它在美國世俗革新運動中的提倡者，以及它怎樣刻意輸出到外國，特別是德國。「自由」及「革新」的美國更正教徒怎樣熱烈地接受這運動——它無意中替美國超過六萬個「不健康的人」絕育——則記錄在 Christine Rosen 的 *Preaching Eugenics: Religious Leaders and the American Eugenics Movement*（Oxford: Oxford University Press, 2004）。

> 上帝是否存在，沒有人在乎，因為似乎不會有甚麼分別。但有孩子卻有分別，學生因為他們對這些事情無知而感到害怕。[9]

那麼，身為基督徒，我們必須向令人畏懼的領域推進，相信即使在那裏，在我們似乎最迷惘時，我們也可以找到聚集我們成為基督的身體的上帝。對基督徒來說，我們必須首先和總是視生命為上帝的恩賜，在與上帝的關係以外是不能理解的。生命本身，雖然配得我們最大的尊重，但卻並不「神聖」。只有賜給我們各人生命的上帝才是神聖的。所以，基督徒必須尊重生命，但卻不崇拜它。與「生命」相遇從來都不是在沒有身體的抽象中進行的，它總是在特定的身體中進行，時常到處都是如此。[10] 如果某個特定的生命可以稱為「神聖」，那只是在於意識到這特定的身體是上帝獨特、不可替代的恩賜。

同樣，如果我們問上帝生兒育女有甚麼目的，答案可能是：「你心目中想著的是哪個孩子？」對孩子和童年那種流行的偶像崇拜在基督徒生命中沒有任何地位。孩子和我們一樣，他們總有一天會死，他們不是「我們將來的盼望」，因為我們的盼望在於主（提前一 1；詩三十九 7，一四六 5）。因此，甚至生育和「延續物種」這個生物學命令，在神學檢

9　引自 "Abortion, Theological Understood"，收錄在Stanley Hauerwas and Charles Pinches, *The Hauerwas Reader*（Durham, NC: Duke University Press, 2001）, 618。

10　這樣的身體包括我們自己的、我們所愛的人的、我們敵人的身體，以及與我們分享這個地球的動物、植物、真菌和單細胞生物。

視下也顯得蒼白無力。巴特（Karl Barth）清楚說明這點：

> 一切都嚴格和終極地倚賴聖子，祂現在成了我們的長兄，令這種關於後代的焦慮，……我們應該也必須有兒女繼承我們的家世、名字、榮耀和財富……從我們除去，這是將來的國度和日期滿足帶來的其中一個安慰。**現在不再需要讓任何人成孕或出生**。我們毋須期待任何人，除了我們確定會來的那一位，因為祂已經來到。**為人父母現在只應該理解為源自上帝的良善、自由而且在某意義上可選擇的恩賜。**[11]

在清除了感情用事和陳腔濫調的糾結後，我們終於可以恰當地看兒女：是極大的恩賜，但從屬於透過基督得拯救這最大的恩賜：「不再需要讓任何人成孕或出生……因為祂已經來到」。有耶穌作為長兄，我們有我們需要的一切親屬關係。初期的基督徒活在敵對的帝國中，但卻維持著對基督的盼望，他們遠比我們更明白這點。在那個社會，女性生產對皇帝有用的孩子，拒絕懷孕是對帝國「家庭價值觀」的威脅。初期的基督徒歸入基督的身體，他們視教會為自己的家，拒絕那種傳統、帝國的模式。格里爾指出：

> 在殉道者時代，基督教往往拒絕家庭，這種拒絕經常帶著教

11 Karl Barth, *Church Dogmatics*, III/4: The Doctrine of Creation, edited by G. W. Bromiley and T. F. Torrance（Edinburgh: T & T Clark, 1961）, 266；粗體格式為我們所加。

> 會是新的和真正的家庭這個觀念。從某方面來看，教會不單在理論上是一個家庭，在實踐上也是一個家庭。……新約向我們顯示，從最早開始，教會便負責保護孤兒寡婦，教會似乎也收容處女，她們是以教會為家的單身婦女。[12]

正是因為相信我們的長兄基督，令生兒育女不是我們的新家庭必要的生存條件；我們因而可以十分明白，最早期的基督徒立誓獨身這種做法。[13] 但早期的基督徒和某些諾斯底主義者不同，他們沒有堅持獨身或視孩子出生為：將靈魂可悲地拘禁於低下的物質中。他們倒是根據上帝來看孩子這恩賜，而上帝是孩子的源頭。讓我們再引述格里爾的話：

> 只有上帝是愛的恰當對象；所有其他愛的價值，只是在於它們由上帝的愛所安排。這表示：家庭，實際上是任何人

12 Rowan Greer, *Broken Lights and Mended Lives*（University Park, PA: Pennsylvania State University Press, 1986）,104.

13 將這種做法與斯多亞派的消滅激情比較。斯多亞派通常理解生育繼承人為有德行的男性正當的責任——當然這種德行要求女性參與，即使不一定要求女性合作。想起斯多亞派哲學家皇帝馬可．奧勒利烏斯（Marcus Aurelius）拒絕收養適合的人，而選擇讓他有自大狂的親生兒子康茂德（Commodus）繼承皇位是有趣的。收養合適人選這種做法可以促進「羅馬統治下的和平」（"Pax Romanum"）這種政治穩定，雖然這種和平也不是沒有壞處；但讓康茂德統治卻沒有任何德行可言。侯活士指出，在現代基督教背景下，「單身人士的『犧牲』不是『放棄性行為』，而是放棄繼承人這種更重要的犧牲。沒有比這更激進的行動，因為它最明確地以制度表達，個人的將來不是由家庭，而是由教會保證」（引自"Sex in Public: How Adventurous Christians Are Doing It"，收錄在Hauerwas and Pinches, *Hauerwas Reader*, 498）。

> 類關係，本身永遠都不能被視為目的。同時，人類的愛由上帝的愛所安排時，便取得本身的意義和價值，並由上帝改變，成為我們藉以找到祂的工具。因此，奧古斯丁認為基督徒的理想可以轉化家庭的意義是有根據的。[14]

正如我們已經明白，所有恩賜，包括兒女這恩賜，都是要懷著信心和感恩來接受的。這樣説很容易，但要體現出來卻十分困難。但我們可以怎樣培養這種回應呢？我們可以透過甚麼集體實踐彼此教導感恩？

兒女作為陌生人

最適用於養兒育女這驚人任務的基督徒踐行，同樣是接待陌生人。如果兒女是上帝不必然賜下的恩賜，他們便從來都不以任何真實的意義「屬於我們」。[15] 我們照顧他們，對他們負有責任，並不令我們擁有他們。而任何青少年的父母都可以證實，兒女——甚至是「親生」兒女[16] ——都是奇怪的生物。由於北美對獨立和「自主」的狂熱，這些陌生人在家庭生活中佔有空間的時間相當短，家庭只是他們在走向另一個國度的中途宿舍。但對我們來説，兒女總已經是陌生人，

14 Greer, *Broken Lights and Mended Lives*, 116.

15 基督徒也不能滿足於紀伯倫（Kahlil Gibran）稱孩子是「生命對本身的渴求」這種含糊和虛幻的説法。

16 熟悉當代的收養做法和用語的人都知道「正確」詞彙的轉換是多麼快，但人們收養孩子已經幾千年。很明顯，這種做法仍然令我們感到困惑，以致要使用有科學味道的委婉説法。

他們從母腹出來，但性格和呼召卻不受我們控制。正如我們在前面提過，父母之道的第一課是：「不是由你控制」。與面臨兒女即將死去的父母坐在一起，知道沒有言語可以「令事情沒有那麼糟」，即使疑心最大的人也會相信這是真的。歡迎孩子進入自己的家，會令自己變得脆弱。

這是孤單的踐行，而這種孤單可以變得不能忍受，對並非單親父母的人來說也是如此。但如果教會根據它的呼召行動，便應該沒有「單親父母」，因為養兒育女完全是羣體性的。也就是說，需要一間教會養育一個（基督徒）孩子。《天主教教義》（*Catechism of the Catholic Church*）指出教父母（godparents）的任務是「真正的教會功能……整個教會羣體對建立和維護在水禮時賜下的恩典都負有……責任。」[17]

這句話包含了基督教一個重要真理的要點：基督的身體並不是透過自然繁殖，而是透過歸信的終生實踐增長。歸信本身是恩賜，要求接受者艱苦地工作。如果這樣看，養兒育女便變成歸信的機會，在個人喜歡獨立時給他們機會去愛，在面對效率時實踐溫柔，實踐憐憫而不是控制。隨著時間過去，我們可能學會為這些干擾而感恩。這些工作必須由整個身體分擔。聚集的身體記念的事情包括身體本身，而且是以我們在第三章討論的方法記念。要記得，兒女來到我們這裏，不是觀念或情感，而是身體。他們擾亂我們對怎樣才算「良好生命」的想法時，我們可能很難視他們為來自上帝的

17 *Catechism of the Catholic Church*, no. 1255. English trans.（Vatican City: Libereria Editrice Vaticana; Chicago, IL:〔distributed by〕Loyola University Press, 1994）.

恩賜。而且，他們與我們一起進入基督的身體，變成一個故事的一部分，這個故事回溯到大衛、摩西、亞伯拉罕，回到宇宙的創造，又前瞻萬物在基督裏聚集。

分辨身體：兩個十分不同的故事

如果基督的身體的命運是在它裏面聚集萬物，那麼基督徒分辨那身體時，必須超越血源親屬關係這個界限。這令我們想起一個故事：奧康諾的〈好人難求〉（"A Good Man Is Hard to Find"）。這個故事講述一整個家庭被一個名叫畢適應（The Misfit）的變態殺手殘暴地謀殺。我們似乎不大可能從這個故事中學習從陌生人中認出兒女，但奧康諾從不感情用事地美化基督徒生命的事實。在故事接近尾聲時，那祖母——一個完全沒有同情心的角色——因為提出：「我知道你的出身很好！求求你！天呀，你不應該射殺一位女士。」[18] 而令畢適應與她展開不大可能有的神學討論。畢適應將自己可悲的一生，歸疚於為了一些自己不記得做過的事情而受到懲罰。當那祖母叫他禱告時，他說：「我不要甚麼幫助⋯⋯我自己沒有問題。」[19] 他特別怪責耶穌令死人復活，「將一切都攪亂」。他繼續說：「如果祂做祂所說的事，你便只能夠拋開一切跟隨祂；而如果祂沒有做那些事，你便只能夠以最好的方式享受你僅餘的幾

18 "A Good Man Is Hard to Find," in Flannery O'Connor, *The Collected Stories* (New York: Farrar, Straus, and Giroux, 1971), 132.

19 O'Connor, "A Good Man Is Hard to Find," 130.

分鐘……」[20]

到最後，當畢適應的同黨在殺了那老婦最後一個家人後回來時，老婦人的頭腦「在一刻間清醒過來」：

> 她看到畢適應那張扭曲的臉貼近她的臉，他好像快要哭起來，老婦人喃喃地說：「啊呀，你是我其中一個寶貝。你是我的親生兒子！」她伸出手撫摸他的肩膀。[21]

在最不可能的環境，祖母或許在一生中第一次看見這個陌生人——畢適應——是她自己的孩子。在古老的南部某些地方，人們稱肩胛骨為「翅膀芽」（wing buds），人到了天堂時，翅膀最終會從那裏長出來。[22] 畢適應完全不接受這套。他向著老婦人胸膛開了三槍。

他的幾個同黨回來時，莫明地冷靜的畢適應告訴他們：「她本來可以是一個好女人……如果她生命中每分鐘都有人向她開槍。」[23] 我們與陌生人有親屬關係，我們大部分人都情願人們以更細緻的方式提醒我們，但如果不用上了子彈的手槍指著我們的頭，我們能夠清醒過來嗎？對忘記了十字架那可怕的羞辱的基督徒來說，答案可能是否定的。不過，希望還是有的。

我們兩位朋友與我們分享他們在辨認自己的孩子是誰時

---

20 O'Connor, "A Good Man Is Hard to Find," 132.

21 O'Connor, "A Good Man Is Hard to Find," 132.

22 這個洞見得益於 Gil Bailie。

23 O'Connor, "A Good Man is Hard to Find," 133.

的掙扎。他們回憶在研究院時徒然地渴望有孩子，以及最初怎樣尷尬地與「不育專家」接觸。這對夫婦

> 到當地一間醫院兩次，見一個治療不育、比較年長的人時，我們對有那麼多可能的策略感到著迷，願意開放自己多了解這些可能性……這個人似乎從多年執業中得到一些智慧，他留意到我們的猶豫。令我們有點保留的高科技方法，似乎始於將一個精子樣本倒到一個放在皮氏培養皿（Petri dish）的卵子上，然後攪勻，或者類似這樣的事情。這對他來說一定不比將神奇肥料（Miracle-Gro）放到蕃茄上複雜。他平靜地問：「你們是天主教徒嗎？」他的語調顯示他懷疑我們是否願意做任何能夠解決不育問題的事情。他向我們保證，他參加了與神父舉行的「獨立倫理委員會」（IRBs，institutional review boards 的縮寫），神父同意這些方法。[24] 我們十分想有愉快的結局，發覺自己已經站在這美麗新世界的邊界，想著這個世界，望向它，但實際上卻沒有……投身其中。接著可能採取的步驟似乎在道德上是可接受的，實際上也很誘人。[25]

他們不能負擔以昂貴的科技解決他們的問題，於是將這件事暫時放下，徵詢一位神父的意見。神父請他們看當代神

24 「獨立倫理委員會」是在醫院、大學或機構內就實際的倫理和道德問題審核人類研究建議的委員會。

25 以下引文來自私人通信，獲原作者准許使用。為了保障私隱，我們不提名字。

學家的一些文章，並提出

> 任何不(涉及以科技)墮胎的事情都似乎是可以接受的，某程度上，在道德上甚至是可取的。如果你想要孩子，科技，或至少某些獲認可的科技，可以提供孩子，就是這樣。為甚麼不在蕃茄上放一點神奇肥料？……這種自由的另一面……是我們要靠自己。那是一個孤獨的地方。這裏沒有甚麼傳統的方法——畢竟，我們有「獨立倫理委員會」那些獲神職人員認可的決定，關於「禮物嬰兒」(GIFT；譯按：正式名稱是「配子輸卵管植入術」)，誰還需要阿奎那(Aquinas)或奧古斯丁？[26] 也不需要聖經，或許除了想到至少我們……在過程中不會將任何夏甲拉進過程之中。[27]

後來這對夫婦做了一些非常奇怪的事情。他們閱讀的材

26 「禮物嬰孩」(GIFT)是「配子輸卵管植入術」(gamete intra-fallopian transfer)的簡稱，這是一個科技程序，需要刺激卵巢和取出卵子——和體外受精頗為相似，但卻不包括在身體外受精，而是將收集到的卵子和男性的精子一起直接放進女性的輸卵管。

27 同上註。當然，提到夏甲令人想起亞伯蘭對撒萊的不育採取的「技術解決方法」。這個做法是撒萊自己提議的，她後來又感到後悔(創十六章)。Margaret Atwood 的 *The Handmaid's Tale* (New York: Anchor, 1998)巧妙地想像出一個美洲的神權國度。在那裏，能夠生育的「侍女」被迫為不育的「女主人」生育。這本書提到的聖經例子是拉結不育，她提議雅各透過她侍女辟拉生育。我們正等待一本同樣精彩的小說，描述我們已經進入的反面烏托邦，在其中富有的人用錢買方法，讓自己得到想要的後代，同時選擇性地消滅他們不想要的後代。甚至窮人也因為有「不想要的孩子」而被詆毀，要自己掙扎求存。我們希望現在讀者已經清楚看到，這是教會必須決定性地回應的問題。

料包括《天主教教義》，這文件令他們感到驚訝，「並因為它對這些生物科技的應用抱十分懷疑的態度而心存感激」。他們也禱告，談論，到教堂參加禮儀。他們開始問科技醫藥邀請他們進入其中的世界怎樣容納上帝：

> 在我們最後一次會面時，那位比較年長的醫生使用「選擇性地減少」(selective reduction)來描述對由科技產生的多重懷孕進行的墮胎。那時我們都知道，我們已經進入了右翼天主教道德神學家一直都警告人們提防的反面烏托邦之中。我們不想參與任何對家庭生活進一步的非人化的行為，兩人都同意不再考慮以科技方法解決我們的不育。雖然我們本來十分渴望有孩子，但我們對這個問題的決定十分堅定。我太太和我同時得出同一結論，而且同樣堅定，原因也一樣，真的令我有點驚訝。我開始看到信仰上帝是甚麼意思——不單是一個信念：「祂肯定在某處存在」——而是一種持續的關係的特點……我花了很長時間才明白這點。當我們最終收養了一對孿生姊妹時，我至少可以看到一點兒我們在尋求生育那不幸事件中看不到的事情：上帝對我們的愛；我們無力迫使祂的恩典以我們想要的方式，在我們想要的時候來到；以及祂仍然與我們同在，這是我們避不了的。[28]

這裏有很多東西值得探討，但我們只會提出幾個簡短的

28 O'Connor, "A Good Man is Hard to Find," 133.

評論。首先，這對夫婦不是因為只關心自己或貪心而窺看輔助生育的陳列室。他們希望得到生兒育女的好處。不過，他們在期間學到的，是怎樣根據上帝而正確安排這些恩賜。他們很大程度上透過教會的實踐達致這個理解，這些實踐包括禱告、共同和私人的反思、閱讀以及聖禮。

第二，想「解決這個問題」的年長醫生覺得他們古怪。這對夫婦實際上是天主教徒，他們效忠於由上帝聚集的羣體，這效忠限制了任何對科技醫藥的效忠。但願有更多天主教徒古怪得足以讓人發覺，更不用提但願有更多聖公會、信義宗、循理會、浸信會和長老會信徒也是這樣。

第三，他們看到自己無力適應由醫藥決定的世界（由教會的實踐模塑成不適應的人）時，在陌生人中認出自己的孩子：他們收養了一對孿生姊妹。他們的孩子在他們以前沒有留意的地方等候他們。對認識那些恰當的故事的人，這完全不應該令他們驚訝：上帝的百姓總是透過不尋常和令人驚訝的方式建立起來。

以出人意表的方式將身體取回

馬太福音開始時的「耶穌家譜」（太一 1 ～ 17）包括四位不尋常的女性：她瑪、喇合、路得和「烏利亞的妻子」（也就是拔示巴）。正如聖經學者布朗（Raymond Brown）指出：

> 她們與伴侶的結合都有點不尋常或不合常規——這種結合在外人看來可能令人反感，但卻延續彌賽亞那蒙祝福的家

系，……（而）這些婦女在上帝的計劃中採取主動或扮演重要的角色，因此被視為上帝的護佑或祂聖靈的器皿。[29]

馬利亞的丈夫約瑟明白耶穌的出生是「不尋常和不合常規」的，他選擇支持未婚妻，迎接孩子，保護他免被希律謀殺。世界得拯救是在我們認為的「正常環境」以外達致的。

醫藥這種掌權的提供的其中一個最有力試探是：透過醫藥科技，我們可以使令人不快的情況回復到「正常狀況」這個幻象。[30] 在其他時間可能被視為「不育」的夫婦，現在可以有他們一直夢寐以求的嬰孩，沒有遺傳病，甚至沒有不受歡迎的「正常變異」，但樣子仍然跟媽媽或爸爸相像。「有問題」和「不想有的懷孕」——有些源自那麼可怕的情況，以致理性的人尋求避免也是可以理解的——都可以「終止」。胎兒——現在甚至包括胚胎——可以接受檢驗，找出可能需要更留意的缺陷，也可以找出父母相信他們可以提供的資源，而不受歡迎的胎兒或胚胎則會被打掉或丟棄。

藉著訴諸我們渴望孩子有某些質素——我們想我們的孩子快樂、成功、吸引、獨立和聰明——科技重新將憂愁、沒有前途、不完美、倚賴和遲緩的人界定為不正常。雖然，選擇的用語表示選擇大幅增加，增強控制往往令公眾接受的

29 Raymond Brown, *The Birth of the Messiah* (New York: Doubleday, 1993), 73.

30 在沒有人對透過昂貴、複雜和人工的方式恢復「正常」感到驚訝的時代，還有可能寫諷刺文學嗎？正如我們其中一人喜歡說：「難怪馮內果（Kurt Vonnegut）沒有甚麼新作了」。

結果的範圍變得更狹窄；對甚麼構成正常，我們的理解也縮窄了。劃下了一條線，人類的圈子縮小了，科技提出讓它清除那些達不到規定標準的人。藉著以個人用語為科技的使用作包裝，掌權的令我們分心，看不見羣體的資源可能有助我們歡迎沒有那麼出色的孩子。關於促進「人類興盛」比「不必要的痛苦」更可取，這類論證往往倚賴這樣誘人的包裝，將想像力縮減。[31] 甚至有些基督徒也主張，只要有可用的方法，全都應該拿來消除苦難，包括未經要求而除掉受苦的人。掌權的鼓勵我們將這種破壞稱為「附帶破壞」或「可悲的選擇」，令我們繼續專注於個人想有的目的。基督教的故事並沒有宣稱隨著基督得勝，所有苦難都應該結束；而是宣稱在我們懷著盼望等候那勝利的終末式完滿時，所有苦難都在基督的身體裏得到分擔。[32]

稱墮胎為「個人的選擇」或者甚至是「個人的罪」，是沒有分辨那身體。每次墮胎都是否定羣體，聚集的身體甚至沒有為最沒有前途的兒童找到空間。向懷孕的母親和她正在成長的孩子清楚說：「這裏不歡迎你」，是羣體的失敗。教會可以令墮胎次數減少——這個目標是連「支持墮胎合法化」的團體也宣稱支持的——主要的方法，不是藉著成為有組織的投票集團，提倡某些個人權利；而是藉著以各種方式將身

31 雖然有點冷酷，但值得記起在 *The Princess Bride* 中仍然偽裝的 Wesley 怎樣責備 Buttercup：「大人，人生是痛苦的。任何不這樣說的人都是在推銷某些東西」。

32 在這方面，《欽定本》對馬可福音十章 14 節的翻譯有特別的迴響：「容忍小孩子到我這裏來」。

體取回。懷孕的婦人受到掌權的威嚇和打擊，她不單是需要以合符道德的方式行動的個人，她是**我們**身體的一部分。她懷有的孩子不是任何孩子——而是**我們**的孩子。

韋利蒙（William Willimon）描述他聽到一位非洲裔美國牧師怎樣回應青少年懷孕這個嚴酷的現實：

> 他補充說：「我們有一些年青的女孩子遇到這種事。我教會有一個十四歲的女孩，她上個月生了一個嬰孩。我們下主日會為那孩子施洗。」
>
> 另一位牧者問：「你真的以為她能夠養育一個小嬰孩嗎？」
>
> 他回答說：「當然不能。沒有十四歲的人能夠養育嬰孩。很多三十歲的人也不夠資格這樣做。對任何人來說，要獨自養育嬰孩都實在太困難。」
>
> 「那你們怎樣對待嬰孩？」
>
> 「唔，我們替他們施洗，讓大家一起養育他們。就那個十四歲的女孩來說，我們將她的嬰孩交給一對退休的夫婦，他們有足夠的時間和智慧養育孩子。他們在養育嬰孩之餘，也可以同時養育他母親。我們就是這樣做。」[33]

這教會所做的不單是分辨那身體，而是從醫藥作為掌權的所提供的個人化、科技解決方法那裏將身體取回。他們聽

33 William H. Willimon, *What's Right with the Church?*（New York: Harper and Row, 1985）, 65.

從雅各的警告，不單聽道，而且也行道。[34] 這可能不是美國理想的核心家庭，但正如馬太的家譜令人記起，救恩往往在不正常的環境下實現出來。

替十四歲的女孩所生的孩子施洗，並不消除美國每年超過一百萬宗人們認為需要進行的墮胎。這也沒有回應孩子出生時有嚴重，甚至致命的畸型這個令人心碎的情況。歡迎這樣的孩子，而且他們的數目這麼龐大，需要在基督裏對聚集有更強的感覺，也需要更深刻的支持網絡，是由聖靈加力的。不過，歡迎十四歲的女孩的孩子是一個開始——這個開始可以讓教會漸漸習慣。這種接待陌生人的實踐可能引向蒂爾貝特（Bill Tilbert）想像的情況：「如果有墮胎診所，卻沒有人走進去會怎樣？如果墮胎是合法的選擇，但卻沒有人這樣選擇，那又會怎樣？」[35]

基督徒不應該欺騙自己相信，取回身體會令墮胎診所沒有生意。墮胎好像戰爭一樣，是很久以前人類所發明的，源自人類裏面最深刻的破碎。與任何對羣體的暴力破壞一樣，墮胎要求對跨代的男女作持久、耐心和非暴力的羣體見證。[36] 雖然這沒有憤怒地提出譴責那樣令人滿足，也沒有政

34 比較雅各書一章 22 節。整體地看，雅各書有力地反駁諾斯底主義者宣稱擁有掌權的，特別是醫藥的掌權的。正如我們在上一章指出，甚至病人的身體都是透過膏抹和禱告從疏離中得以取回。

35 來自 Bill Tilbert 未經出版的的講章，由 Richard B. Hays 在 *The Moral Vision of the New Testament*（San Francisco, CA: HarperCollins, 1996），458 引述。

36 好像和平主義一樣，對墮胎以外的真實選擇的具體見證，在北美社會很大程度上被否定為「不切實際」，往往被描述為在面對可怕的環境時

治權力遊戲那樣耀眼，但這樣安靜地抵抗掌權的，能夠向考慮墮胎的人顯示——而不單是說——「還有其他方法」。

哪些孩子是我們的？

迎接孩子是好事。想有自己的孩子是人類經驗的一部分。但如果有「自己的孩子」是困難的，不是因為財政或社會原因，而是——正如那對最終收養了孿生女兒的夫婦那樣——出於醫學上的原因，那又怎樣呢？

醫藥透過輔助生育這些新科技回應這個挑戰，這些科技

「甚麼也不做」。不過，與和平主義者不同，很多所謂保守人士的確好像詆毀他們的人所說那樣，他們往往忽略女性的生活經驗，想像要解決這些情況十分簡單，或者只需要總統大筆一揮。自由派更願意聆聽身處危機中的女性，但我們認為他們過分喜歡科技的解決方法。如果聚集的身體要回應北美文化的現實狀況，它需要在遠在危機未出現前便開始它活出來的見證，讓兒童看到親密不單是性方面的，「人們私底下在睡房中做的事」深刻地連繫到羣體的健康，並坦率、誠實，以尊重羣體傳統和實際環境的方式討論避孕和禁欲的角色。這一章餘下部分會提示一旦生了孩子後羣體有甚麼責任。要充分討論這種跨代的羣體見證，需要整本書的篇幅，但我們可以向有興趣的讀者提議一些入手的方法。在希拉里．克林頓（Hilary Clinton）想到支持和反對墮胎合法化的人可以一起致力減少墮胎之前很多年，Frederica Mathewes-Green 和其他人已經進行這種對話。正如可以預期那樣，新聞界不理會這些努力，他們喜歡更動人的故事。但 Mathewes-Green 的書 *Real Choices: Listening to Women; Looking for Alternatives to Abortion*（Ben Lomond, CA: Conciliar Press, 1997）十分值得閱讀。Wendell Berry 的所有作品都表達他確信沒有任何東西，甚至是食物和性，是在羣體的關注以外。我們特別推薦他的文集 *Sex, Economy, Freedom & Community* 中的同名文章。Anne Tyler 了不起的小說 Saint Maybe（New York: Fawcett Columbine, 1991）描述對別人的孩子所承擔的昂貴責任可以怎樣體現出來。

包括：體外受精（IVF）、植入前遺傳診斷（PGD）、配子輸卵管植入術（GIFT）、受精卵輸卵管內轉移（ZIFT）：一整套科技字母湯。根據美國疾病控制及預防中心（The United States Centers for Disease Control and Prevention）的記錄，最近有一年進行了一萬七千五百八十七個「程序」，帶來二萬九千三百四十四次分娩和四萬六百八十七次活產（live births）。[37] 報告沒有包括關於金錢開支的數字。我們知道每年都有很多基督徒迎接透過協助生育科技出生的孩子，並替他們施洗。我們同意這些孩子應該受洗，但他們成孕時怎樣分辨那身體？在這方面，基督徒是否正確地安排好處？

或許作為開始，我們可以將協助生育程序的數字與另外三組統計數字放在一起看。首先，在二○○○年，美國有一百三十一萬宗墮胎，令人工流產成為美國其中一種最常進行的手術。[38] 第二，截至二○○一年九月三十日，美國有五十四萬二千名兒童在孤兒院，而在之前十二個月，分別有二十九萬和二十六萬三千名兒童進入及離開這個系統。[39] 第三，在二○○○年，估計全球有一千八百萬名五歲以下的兒童死亡。[40] 英國的《刺針》（*Lancet*）醫學期刊問：「每年在

37 "Assisted Reproduction Technique Surveillance – United States, 2001," *Morbidity and Mortality Weekly Report*, April 30, 2004/53（SS01）, 1 ~ 20.

38 Alan Guttmacher Institute, www.agi-usa.org/presentations/abort_slides.pdf.

39 引自 *Foster Care National Statistics*, National Clearinghouse on Child Abuse and Neglect Information（HHS）, 2003, www.nccanch.acf.hhs.gov/pubs/ factsheets/foster.cfm。

40 UNICEF Child Mortality Statistics, www.childinfo.org/cmr/revis/db2.htm.

哪裏以及為甚麼有一千萬名兒童死亡？」[41] 簡短的答案是：主要在貧窮、所謂發展中的國家，而且原因是完全可以預防的，例如腹瀉、營養不良和麻疹。

從這個背景看，透過協助生育科技迎接兒童便變得很有問題。即使我們不考慮科技本身帶來的倫理問題，當數以百萬計自然地成孕的孩子，因為別人的「選擇」或大部分北美洲人認為是遠古才有的原因而死亡時，基督徒羣體可以證明透過這些昂貴的方法得到孩子是合理的嗎？那數以十萬計在孤兒院等候一個家的兒童又怎樣呢？

我們會在下一章討論，教會怎樣回應富裕和貧窮國家之間在醫藥上的懸殊，但在這裏值得指出的是：如果在基督裏不分男人和女人，猶太人和希臘人，奴隸和自由人；便肯定也不應該區分白人和黑人，美洲人或蘇丹人，健全或傷殘的人。而且，如果所有兒童都是來自上帝的恩賜，從來都不是我們的財產；那麼，考慮拋棄胚胎和採用「選擇性地減少」，同時又忽略兒童這恩賜已經存在，只是我們奇怪地看不見所帶來的倫理問題，便似乎是我們不能背起，也不能合理地支持的奢侈。

全世界有這樣令人難以置信的死亡人數，基督徒可以怎樣恰當地迎接孩子？我們在上面分享過那對研究生夫婦因為不育而掙扎的故事。他們找到一條出路：收養孩子。雖然收養孩子有很多道德上的複雜問題，也可能被濫用；但這種

41 Robert E. Black, Saul S. Morris, and Jennifer Bryce, "Where and Why Are 10 Million Children Dying Every Year?" *Lancet* 361 (2003) : 2226～2234.

做法卻可以每年為數以萬計的兒童提供一個家。這些兒童很多都不符合北美對能力或前途那不斷在改變的標準，但一些勇敢的男女仍然收養他們。很多被孤立的夫婦往往在遇到另一個收養家庭之後而決定收養孩子。教會通常都支持這種做法，但卻較少教會積極鼓勵和支持這些家庭。有多少教會視收養為向世界作羣體見證的一個重要部分？在親生母親見證我們分享的生命時，有多少教會支持她們那極其艱難的勇氣？還是好像在富有、物質充裕的教會常見的情況那樣，教會只是在方便時才提起這個問題，作為教會「外展報告」或「尊重生命主日」的一部分？教會沒有集體地見證這種回應，肯定表示基督徒與世界各地每年有一千萬名兒童死亡，以及美國每年有超過一百萬宗墮胎並非毫無關連。

本尼特查珀爾宣教浸信會（Bennett Chapel Missionary Baptist Church）是一間接受這個呼召的小教會。它位於德薩斯州波森特羅（Possum Trot；譯按：Possum Trot 的意思是袋貂疾走，而袋貂這種動物遇到危險或攻擊時會裝死。）。這是個名字起得很好的市鎮。馬丁（William C. Martin）牧師和他太太唐娜（Donna）以身作則帶領教會，收養了幾個孩子。[42] 他也聯絡德薩斯州保護兒童服務部（Texas Department of Protective Services）的社會工作者拉姆齊（Susan Ramsey）。拉姆齊解釋道：

42 Breandan Kramp, "Rural Texas Church Makes Adoption a Community Affair," 可以透過 North American Council on Adoptable Children, www.nacac.org/newsletters/faith/texaschapel.html 看到。以下提到 Bennett Chapel 時內容都來自這篇文章。

>「我告訴他，如果他可以找到十個打算收養兒童的家庭，我便會去訓練計劃收養兒童或提供寄養服務的父母。我到達那裏時，有二十四個家庭出席第一堂訓練。那實在不可思議。馬丁牧師還讓我們在他教會上課，而那教會是那個社區的中心。」

那間小教會至今已經有超個一百個收養和寄養個案，包括受虐待、有特別需要和其他「難以安置」的兒童。在思想本尼特查珀爾教會的見證時，拉姆森指出：

>本尼特社區的人十分接受自己的身分……他們善良、誠實、努力工作，想到將孩子帶到自己家裏也不感到害怕。他們不視自己為孩子的祝福，而是視孩子為自己的祝福。

收養孩子不會解決世界的問題，而且世界少一點北美洲人可能會更好，我們貪婪地消耗上帝的恩賜，對地球的物質豐富是沉重的負擔。但收養可以是走出第一步，讓我們超越血源，甚至是國家的親屬關係那些舒適的界限，更全面地理解我們在基督裏的親屬關係。例如：我們其中一人收養了一個來自危地馬拉的女孩。她成為我們家庭的成員已經超過八年，但仍然號召我們更深地悔改，提醒我們在不公平的世界，我們得到不配得的特權。其中一種特權是有自由選擇在甚麼時候，或者是否挑戰種族歧視和貧窮。但在我們和她一起踏足休斯頓（Houston）機場的那一刻，我們便再沒有這種特權了。在那裏，和她的新父母相似的每一個人都趕著上機，而和她相似的每一個人都在掃地。每當我們遇到種族歧視——無論是機構、別人或我們自己——我們都知道沉默會傷害她，我們也因而受到傷害。

但那數以百萬計沒有人收養的人又怎樣？他們的父母可能希望有不那麼極端的解決方法？以出人意表地發自內心、具體的方式，收養的經驗將我們連繫到我們女兒的同胞的需要。我們助養另一個危地馬拉兒童，讓她的家庭可以給她食物，讓她上學，而她又毋須離開父母或自己的村莊。我們其中一人已經在洪都拉斯的鄉村一隊醫療隊中工作了幾年，現在那裏有一間永久的醫科兼牙科診所，由洪都拉斯醫護人員負責運作和管理，有由當地設計的營養和教育計劃。我們也教導醫科生和實習醫生，在移民進入美國的醫藥—工業系統時，怎樣克服他們與之在文化、語言和經濟上的分隔。但我們做得不夠。我們不能獨自做這些工作。

在沒有兒女時養育兒女

全球所遭受的傷害是那麼嚴重，令我們震懾。如果我們對每個孩子都負有責任，我們怎樣回應世界的需要？如果我們因為「全球的困難」而目眩，但又只考慮個人的回應，便實在沒有任何盼望。但世界所受的傷害和生命一樣，永遠都不是在抽象中讓人遇到，而是有特定、具體的呈現——有些更近在咫尺。我們最好不要進行「望遠鏡式慈善」，好像狄更斯（Charles Dickens）的《荒涼山莊》（*Bleak House*）中那個傑利比太太（Mrs. Jellyby）那樣，她將全副精力花在幫助「西非尼日爾河（Nigel）左岸的伯里奧布拉格（Borrioboola-Gha）」土著，但她自己的孩子卻被她忽略，在她破爛的房子裏連走路也要小心翼翼。知道從哪裏和誰人開始，需要智慧、分辨以及最終作出選擇，明白忠心的基督徒可能蒙召照顧不同的特定需要。重要的是，將每個回應建基於羣體上，同時又承認身體的多元化。

我們其中一人的教區資助一個阿富汗家庭。這個家庭在美國入侵他們祖國後來到我們的市鎮。認識他們後，我們得知在阿富汗時，這家人的孩子被迫看著塔利班（Taliban）在他們屋外殺死他們父親。我們幫助他們找房子，幫助孩子找學校，也幫助母親找工作。我們幫他們搬過兩次家，一次是搬到更大的房子，另一次搬遷則很可惜，因為鄰居不歡迎「外國人」，一再以行動歧視他們，也不寬容他們。我們也帶他們到本地的公園，讓孩子可以改變一下環境，也讓母親可以休息一下。我們的孩子和他們的孩子一起踢足球和放風箏，克服語言、國家和宗教的障礙。幾年後，他們建立了自己的支持和照顧網絡，不再需要我們幫助——而這也是應該的。孩子在學校成績不錯，交了朋友，也接受了美國的品味，無論是好是壞。我們再次想到世界可以承擔多少個北美的消費者，不過一個母親和她的孩子在有很大需要時卻在物質和靈性上得到支持。

在這期間，教區維持其他見證——有些在本地的，有些遠在外地，每一個見證都因為一個或更多團體看見有需要，給予回應，然後連繫到教會。無論身體在甚麼時候或以甚麼方式顯明自己時，我們將它取回，都是重拾接待這必要的實踐，並恢復聖所的意義，讓所有人在教會的家中都可以找到安全和支持。可能性是無限的，惟一限制是基督徒的想像力。

有些人可能堅持，接待作為「單純的慈善事業」，會延長苦難而又沒有消除苦難的成因。事實上，美國的改革派曾經使用這種論證的一種粗糙形式，來支持二十世紀的優生學運動。我們主張，基督徒應該接受改革結構性罪惡的努力，只要這些行動是非暴力，並尊重每個生命，並視之為上帝仁慈的恩賜。但基督徒的接待實踐永遠都不能是「單純的慈善事業」，一個官僚的倉庫式收容所，住滿不受歡迎的人。富有的人只是偶然拋一點奉獻進去，讓自己的良心好過一點。接待（hospitality）好像為了這種實踐而命名的醫學建築物〔譯按：即醫院（hospital）〕一樣，涉及身體。真實的身體比貧窮這個觀念更難面對。真正的相遇令人改變，而且是不能預測的，但很少是以掌權的鼓勵的方式改變。愛抽象的窮人比有血有肉地與窮人同在更容易，對這種非人性的幻夢，身體那一團糟的現實，是有效的解毒劑。正如杜斯妥也夫斯基警告說：「比起夢中的愛，行動中的愛是嚴酷和可怕的事情。」[43] 沒有直接的相遇，接待會變成諾斯底主義，正如當代很多教會的「社會行動」那樣。

教會宣告的，是基督為了整個世界得拯救而被釘十字架；但教會示範的，卻往往頗為不同。雖然我們在基督裏聚集為一個身體，我們身為罪人的歷史並不容許將人類分

43 Fyodor Dostoyevsky, *The Brother Karamozov*, translated by Constance

為「我們」和「他們」。如果我們這樣做，到我們好像阿瑟·米勒（Arthur Miller）《我所有兒子》（*All My Sons*）中的凱勒（Joe Keller）那樣，在發覺他們——所有兒女——實際上都是我們的兒女時，已經太遲，也令我們後悔莫及。大部分父母都學懂兒女總是在留意著自己，而且這學懂的過程往往令自己尷尬或後悔。青少年好像《麥田捕手》（*The Catcher in the Rye*）中的霍爾頓·考菲德（Holden Caulfield）一樣，對虛偽的警覺性特別高，他們很快便嗅出偽善來。基督徒不應視這為威脅，而可以將它當為要我們歸信的另一個號召那樣來歡迎。在迎接孩子進入我們的家庭、我們的教會和我們所支持及培育的各個家庭時；我們不單變得脆弱，更要**向他們問責**。兒童的觀察力能夠推動我們實踐我們的呼召，體現我們聲稱自己活出的生命。這樣我們也反過來向那些觀察我們的人作見證。

行道並體現我們稱為「基督教的生活方式」，從來都不是容易的事。以前有來自敵對帝國的暴力威脅，現在基督徒的四周則有文化和經濟的試探，這些試探受到掌權的束縛。

Garnett, revisied by Ralph E. Matlaw（New York: Norton, 1976）, 49。更令人困擾的是幾段前的警告：

我愈愛普遍的人，愈不愛特定的人，也就是單獨地、作為單獨的個人。在我夢中……我往往為了服事人類而製訂充滿熱誠的計劃，而我甚至可能真的面對被釘十字架，如果突然間需要這樣的話；但我不能與任何人在同一個房間一起生活兩天，我憑經驗知道這點。只要有人接近我，他的個性便干擾我的自尊，限制我的自由。在二十四小時內，我便開始憎恨哪怕是最好的人：一個是因為他花太長時間吃晚餐；另一個是因為他傷風，不斷擤鼻子。每當人們接近我，我便敵視他們。但我愈憎恨個別的人，便總是愈熱烈地愛人類。（頁 48～49）

我們也至少在某程度上受到這些掌權的吸引，只有藉著作為身體而活著，我們才可以開始抵抗它們。有時我們會失敗——這在今生肯定是不能避免的——但上帝不斷號召我們回到聚集的身體，在那裏我們希望得到支持，希望集合力量，希望別人向我們作見證，我們也向別人作見證。對我們無數的孩子，甚至是我們悔改，我們回頭取回我們失落和否定的身體，也可以是見證，是邀請他們，也邀請我們自己歸信。

第六章
沒有界限的身體

在被電子娛樂弄得眼花繚亂的文化中，很少人聽「平實地講述的古老好故事」。耶穌一生都講述平實的故事，福音書的作者覺得有些故事很重要，所以將它們記錄下來。[1] 但耶穌不是表演棟篤笑（stand-up comedy），在星期六晚表演兩場，作為晚間節目的重頭戲。[2] 祂講故事是為了教導別人。第一世紀的巴勒斯坦聽眾好像我們一樣，也是受制於自己的方法的，對他們而言，耶穌說這些故事是為了吸引他們以及令他們不安。可惜，好像抱怨莎士比亞（Shakespeare）的劇作只是拼湊陳腔濫調的觀眾一樣，基督徒聽耶穌的故事聽得太多，以致沒有真正聆聽。由於過度使用，耶穌的故事令人感到困擾和服罪的力量大大減低。

1 馬太說：「若不用比喻，〔耶穌〕就不對他們說甚麼」（太十三 34）。

2 耶穌是遵守律法的猶太人。除了醫治病人外，星期六是他的休息日。（參太十二 9～13）

考慮一下在關於律法的精義和實行的激烈辯論中，耶穌依從優良的拉比傳統講述的一個我們耳熟能詳的故事（路十25～37）。一個半死的人躺在路邊。[3]一個祭司剛好走過，但很快便走到對面，繼續上路。我們無法知道他在想甚麼——耶穌對社會的興趣比對心理的興趣更濃——但我們可以推斷祭司與聖殿的敬拜生活有關。根據律法，觸摸可能是外邦人，也可能是死人，甚至可能是外邦死人的身體，會令這個受人尊敬的祭司變得不潔。

一個利未人，也就是學習律法的人，也路過那裏。或許出於類似的原因，也和祭司一樣不加理會。第三個旅客——一個撒瑪利亞人——看見那個受傷的男人，為他提供醫療幫助，將他放在自己的牲口上，帶他去找棲身之所，並支付金錢，讓他得到照顧。任何懂得講笑話的人都知道甚麼是「三分律」（rule of threes）：三個情況，三個考驗，三個人；關鍵在最後才出現。對最初的聽眾來說，耶穌這個笑話實在過火得近乎壞品味，而我們現代習慣敬虔地稱這故事為「好撒瑪利亞人」，這稱呼破壞了故事的關鍵。[4]第一世紀的巴勒斯坦猶太人鄙視撒瑪利亞人，視他們為敵人，他們在律法以

3 由於他半死，所以還有故事可以說。如果他完全死去，便沒有甚麼可以做，除了「查看他的口袋找零錢」，正如在 *The Princess Bride* 這電影中 Miracle Max 建議那樣。完全死去的身體在神祕故事中十分重要。正如我們將會看到，這也是一個神祕故事，但卻是一種不同的神祕故事，比典型的偵探小說提供更多救贖的可能。

4 再一次，我們自滿的敬虔刪削了耶穌的故事，藉著將神聖的要求變得沒有能力，令現代的聽眾免除歸信那些艱難的任務。耶穌的比喻是激烈的社會評論的傑作，而至少在這意義上，我們可以將耶穌理解為第

外，是遠離上帝的百姓，但這個撒瑪利亞人為陌生人所做的事，甚至遠高於我們期望一個朋友所會做的。與耶穌爭辯的對手——一個來試探耶穌，證明自己有理的律法師（25～29節）——在面對耶穌的提示時，甚至不願意說出**撒瑪利亞人**這幾個字。對最初的聽眾來說，「好撒瑪利亞人」是矛盾的說法，但這當然是耶穌的論點：以色列的上帝是所有創造的主，包括撒瑪利亞，而妥拉的要求是普及的要求。撒瑪利亞人比不斷研究律法的人更能夠遵守律法，強化律法——特別是愛鄰舍（利十九18）——的普遍有效性，同時又將律法的要求擴展到超越耶穌的聽眾以為不能逾越的界限。

路加福音也有很多**關於**耶穌的故事，往往是用以下這個形式：一個人因為某個由社會界定的標籤而與羣體生活隔離，例如是外國人、本身的性別、患病或進行有罪的活動。[5] 耶穌遇見這樣的人，往往觸摸他們，或者容許他們觸摸自

一世紀巴勒斯坦的 Lenny Bruce。〔譯按：Lenny Bruce（1925～1966），美國喜劇演員，因為他的幽默感蔑視體面的界限而聲名狼藉。〕耶穌的社會批評源自妥拉的核心，將祂置於先知那危險的傳統之中，赫舍爾（Abraham Joshua Heschel）稱先知為「世上最令人困擾的人」（Abraham Joshua Heschel, *The Prophets: An Introduction*, vol. 1〔New York: Harper and Row, 1962〕, ix）。

5　我們知道有社會意識的釋經者都喜歡路加福音，雖然以前並不是這樣。John Howard Yoder 的傑作 *The Politics of Jesus*（Grand Rapids, MI: Eerdmans, 1972）有對路加福音的仔細解讀，正是因為1950和1960年代的主流解讀視路加福音的編輯意圖是「護教」，向讀者保證基督徒不是對帝國的威脅（2nd ed, 53）。由於我們在這一章的目的是從先知的角度將身體的視域擴展到超出界限，路加福音很自然十分適合我們。如果我們要強調作門徒的危險任務或基督和祂教會的權威，我們可能會分別借助馬可福音或馬太福音。

己，歡迎他們回到完滿的關係中。透過具體的相遇，被邊緣化和被排擠的人與上帝的百姓重聚。這些關於取回的故事，其社會性比個人性強得多，而且通常在兩種環境下發生：醫治或進餐。[6] 兩者都為羣體的生命和健康服務，在同一具體行動中滿足身體的需要和靈性的痛苦。就我們所知，貝里以下的格言是對取回身體最好的總結：

> 作為受造物的健康的恩典只能夠共享。在醫治中，分散的成員聚集在一起。在健康中肉身蒙恩，神聖進入世界。[7]

這些福音的主題應該刺激我們進行更重大的分辨，在意想不到的地方，特別是在被邊緣化，脫離整體的人中，找到那身體。這需要我們看到被邊緣化的人身體上的需要：當

6 篇幅所限，我們不能在這裏進行透徹的考察。典型的醫治可以在路加福音五章 12 至 24 節，七章 1 至 10 節，七章 11 至 16 節，八章 26 至 39 節，九章 37 至 43 節和十七章 11 至 19 節找到。留意路加福音四章 40 至 41 節，六章 18 節，八章 26 至 39 節和九章 37 至 43 節沒有區分醫治和趕鬼；路加沒有在身體、精神和靈中間築起笛卡兒式的牆。路加的進餐故事包括六章 27 至 32 節，七章 36 至 50 節，十四章 1 至 24 節，十九章 1 至 10 節，二十二章 14 至 23 節，二十四章 13 至 35 節和二十四章 36 至 53 節。其他對觀福音也包括平行的主題。Charles Amjad-Ali 指出馬可福音的醫治奇蹟令被邊緣化的人重新全面參與羣體的政治、經濟、社會和宗教。參 Charles Amjad-Ali, *Passion for Change: Reflections on the Healing Miracles in Saint Mark*（Rawalpindi: Christian Study Centre, 1989）。在馬太福音，進餐和醫治象徵終末的「天國」，例如馬太福音二十二章 1 至 14 節和十二章 22 至 28 節。我們特別感謝謝弗神父幫助我們將路加的論述置於對觀福音這個更大的背景中。

7 Wendell Berry, "Healing," in *What Are People For?*（New York: North Point Press, 1990）, 9.

然是醫治，但也是在羣體中分享的身體及靈性培育。在傳統地中海文化中，進餐遠遠不單是關乎食物。進餐也是社會標記，公開宣佈個人與誰連繫，不與誰連繫。在我們在第三章研究過的哥林多前書，保羅明確指出進餐、聚集的身體和身體健康之間的緊密關連：「因為人吃喝，若不分辨是主的身體，就是吃喝自己的罪了。因此，在你們中間有好些軟弱的與患病的，死的也不少。」（林前十一 29～30）正如約翰遜（Luke Timothy Johnson）解釋說，新約和其後的基督徒將聖餐理解為在基督同在下一起進餐，並分享復活主的能力。[8] 耶穌邀請人們到聖餐桌前，總包括要求人們費力和完全地轉化，但祂的邀請仍然是徹底地包容的。[9] 如果我們分享那復活主的能力，我們怎能不想正確地分辨那身體，並接觸那些因為社會障礙而與我們隔離的人？

敵對的視角

甚麼令我們看不見也觸摸不到我們世界中的「痲瘋病人」，那些被邊緣化的人，是我們的經濟和文化寧願令他們隱形，任由他們在墳場中掙扎的麼？很奇怪的是，其中一個

8　參 Luke Timothy Johnson, *Religious Experience in Earliest Christianity*（Minneapolis, MN: Fortress Press, 1998）“Meals Are Where the Magic Is”這一章。

9　正如馬太的福音書講述，天國的筵席邀請很多人參加。可惜很少人回應，而甚至在回應的少數人中，至少有一個沒有穿禮服。正如我們曾經聽耶穌會的 J. Glenn Murray 說：「耶穌與各色人等一起進餐，但祂邀請稅吏、妓女和罪人聚餐，正是為了讓他們離開時不再是稅吏、妓女或罪人」。

障礙是醫藥的掌權的，它呼應西方自由派政治和經濟思想的推動，說一種個人主義的語言，是幾乎完全不受干擾的。誠然，大學有社會醫學系，也有公共衛生學院，但它們在北美的醫藥—工業複合體中絕對不重要，縱然我們將「現代醫藥的祝福」的東西，包括大大減低傳染病的死亡率，壽命較長等，視為直接來自公共衛生方面的努力（清潔的食水，改善衛生及營養和預防疫苗等），多於來自由科技促進的個人護理。不過，「發達國家」，特別是美國，愈來愈忽視相對於個別人士的人口健康。[10]

在醫學倫理學中，有一股十分興旺的功利思想，它的格言是「為數目最多的人提供最大的好處」，但「數目」被理解為個別人士的總和，特別是那些有足夠資源請「經理人」，也就是有能力作選擇的人。論證往往是在「成本效益」的外衣下，以重視某些人（健全、「對社會有貢獻的人」）多於其他人（嚴重傷殘的人）建立起來的。[11] 在醫學倫理學的「義務論」分支（也就是研究道德責任或規則）中，最常用的兩個原則是善行（行善或至少懷有善意）和自主。[12] 醫生應該致力為病人帶來「好處」——這明顯是一個含糊的詞語；而病人行使自己的自主，很大程度上是在稱為「知情同意」

10 參 Laurie Garrett, *Betrayal of Trust: The Collapse of Global Public Health*（New York: Hyperion, 2001）；以及 Paul Farmer, *Infections and Inequalities: The Modern Plagues*（Berkeley, CA: University of California Press, 2001）。

11 正如我們在前一章提到那種對養育一個有唐氏綜合症的孩子「對社會成本」的估計一樣。

12 我們十分明白當代醫學倫理學比這簡短的分類複雜得多。其中一種令的過程中，從不同的選項中作出選擇。透過這些奧祕和儀式，我們——或至少那些幸運的人——便得以自由地決定我們個人的生命。[13]

因此，大部分人聽到「醫學倫理學」這個詞語時，都想到艱難的**個別**個案，往往是生死攸關：末期癌症病人，因為腫瘤和化療而不適，要求醫生幫助她死去；孕婦的胎兒畸型，她要考慮在懷孕後期墮胎還是讓胎兒接受手術；或者對受精卵進行各種令人眼花繚亂的科技操控。但那些在所謂發展中國家或美國市中心貧民區和落後的鄉間工作過的人都知道，這些情況很少在那些地方出現。這種高度個人化的問題，幾乎只有富裕的人才關心，因為生死攸關的道德困境通常涉及不尋常的物質和財政資源。大部分醫學倫理學課程探討的課題，與世上大部分人口在衞生和疾病的現實中忍受的一切，兩者之間存在鴻溝。法默醫生指出：

人高興的新事物是所謂本質倫理學（intrinsic ethics），它很大程度上源自 Alasdair MacIntyre 的著作。不過，我們閱讀這方面的文獻時，發覺功利主義和義務論高度個人化的論述主導著這個領域，穆爾（John Stuart Mill）和康德（Immanuel Kant）的幽靈仍然纏擾著醫學倫理學的系統。

13 關於知情同意這高度儀式化的法律事務，我們兩人同時是施行者和接受者，發覺人們對於這個過程提出的宣稱，很大程度上是錯覺。我們其中一人曾經聽過一位老練的臨牀醫生警告說：「如果你對你能夠説服病人或他們的代表做甚麼沒有感到一點兒害怕，你的觀察力便不算很好」。真正的同意是一個關係的過程，遠比排演「風險和好處」，然後在一份印好的表格下面簽名——實際上頗像結婚！——漫長和複雜得多。研究院的醫學教育很少承認這點。有關各方依從那儀式，「令各人都在各自的牢房中⋯⋯幾乎確信自己得到自由」（引自 W. H. Auden, “In Memory of W.B. Yeats,” *Collected Poems*〔New York: Random House, 1976〕, 197）。

> 傳統醫學倫理學陷入「個人困境倫理」(quandary ethics of the individual)的泥淖中，往往不處理這些問題，因為這種倫理學將大量注意力集中在個別個案，在其中龐大資源都投放在提供不大可能造福大部分病人的服務上。[14]

讓我們只考慮幾個「個人困境倫理」無法應付的大問題。我們在前一章指出每年全球有一千萬名兒童死亡，大部分是由於可以預防或很容易解決的成因，那些死亡原因在「發達國家」根本不成問題。[15] 在二○○四年，有三百一十萬人死於愛滋病，其中五十萬是兒童。[16] 大部分死亡個案同樣發生在「發展中國家」，因為在「發達國家」，「高效抗逆轉錄病毒療法」(HAART，Highly Active Antiretroviral Therapy 的縮寫；譯按：俗稱「雞尾酒療法」)將愛滋病病毒由死刑變為可以控制的慢性疾病，即使那對生命仍然構成威脅。不過，健康上的懸殊並不限於「發展中國家」。在一九九○年，哈林區(Harlem)五歲到六十五歲的人口中，死亡率比孟加拉這個十分貧窮的國家還要高。[17] 在二○○三年，美國有百分

---

14 Paul Farmer, *Pathologies of Power, Health, Human Rights, and the New War on the Poor* (Berkeley, CA: University of California Press, 2003), 21。Farmer and Nicole Gastineau Campos在 "Rethinking Medical Ethics: A View from Below," *Developing World Bioethics* 4, no. 1 (2004): 17～41 對醫學倫理忽略世界上的窮人提出持久、尖銳的批評。

15 Black, Morris, and Bryce, "Where and Why," *Lancet* 361 (2003): 2226～2234.

16 *AIDS Epidemic Annual Report 2004*, U.N. Programme on HIV/AIDS, www.unaids.org/wad2004/report.html.

17 Colin McCord and Harold P. Freeman, "Excess Mortality in Harlem,"

之十五點六的人口（亦即多達四千五百萬人！）是沒有醫療保險保障，令甚至是最基本的醫療服務也變成沉重的財政負擔的。[18] 關於這種懸殊對健康造成的影響，大部分人都視之為社會或政治問題，尋求「符合成本效益」的解決方法，只透過公共衛生這被忽略的外圍地區進入現代醫藥的領域。至於醫藥—工業複合體有甚麼道德責任糾正這些不平等，標準的醫學倫理學很大程度上是沉默的。[19]

雖然我們經常做不到，但基督徒對身體的理解應該打破這種沉默。首先，地上每個身體都是恩賜。彼得告訴哥尼流和他一家：「我真看出上帝是不偏待人」（徒十 34）。全世界的基督徒都在同一張餐桌進餐，由同一位主服事，而且身為非基督徒的鄰舍那樣生活，他們是我們蒙召要愛他們如同愛自己的羣體。正如路加福音中的撒瑪利亞人，忠心令我們別無選擇，只能夠超越由人設立的界限。我們分辨基督聚集的

New England Journal of Medicine 322（1990）: 173 ~ 177。我們應該謹慎對待嬰孩或新生兒死亡率的類似數字。美國和「發展中國家」對早產嬰孩有十分不同的取向，令有關數字有很大的偏差。

18 Carmen deNavas-Walt, Bernadette Proctor, Robert J. Mills, *Income, Poverty, and Health Insurance Coverage in the United States: 2003*（Washington, DC: U.S. Government Printing Office, 2004）, 14.

19 不過並非完全是這樣。Márcio Fabri dos Anjos 從解放神學的角度（我們在討論法默時會多談一點這思想）有力地說：「如果醫學倫理學無視醫學實踐無情地歧視人口眾多的窮人，醫學倫理可以追求怎樣的質素？……如果這些理論無助縮窄社會-醫學方面的巨大差異，這些理論在應付醫學和臨牀倫理學的重大問題時會多有效？」（Márcio Fabri dos Anjos, "Medical Ethics in the Developing World: A Liberation Theology Perspective," *Journal of Medicine and Philosophy* 21（1996）: 629 ~ 637）.

身體，同時記得耶穌怎樣明確地與「這〔弟兄〕中一個最小的」（太二十五40）認同；如果我們還否認自己對世上的窮人負有責任，便是拒絕基督。基督徒在過去多個世紀都確實養成了這種否認，往往為了別人的不幸而怪責上帝，又奉上帝的名製造災難；但將數以百萬計的人所受的苦歸咎於「上帝的旨意」，而不是人類對上帝的呼召充耳不聞，令上帝成了喜怒無常的虐待狂。

標準醫學倫理學的困境結構是：以醫學科技好或壞的目的對比個別病人神聖的自主。與這種結構相比，基督徒的「身體倫理學」複雜得多。基督徒看一切都以上帝為參照，祂是一切恩賜的製造者。而且不能將病人理解為孤立的個體，而要理解為更大的整體中的一個人，由家庭、友誼和各個互相滲透的羣體界定。[20]「健康」在這樣的羣體中同樣得到重新界定，它包括的遠不止藥物上的需要，還有：食物（要記得路加福音中進餐的社會意義），以及食水、房屋、工作和合理的安全水平。如果這樣理解，沒有醫學接觸是關乎單一自主的病人，道德責任也不單落在醫護人員身上。我們必須考慮整個關係網絡，並且不斷進行重估。

對我們前文提到那些健康上的不公平，如果標準的醫學倫理學還有話說，它會說甚麼？它會使用當代倫理學思想中那些中產階級的自由主義範疇，通常是將不能化約為契約交

20 參 Wendell Berry 的短篇小說“Fidelity”收錄在 *Fidelity: Five Stories*（New York: Pantheon, 1992）以及他在 *Watch with Me and Six Other Stories of the Yet-Remembered Ptolemy Proudfoot and His Wife, Miss Minnie, Née Quinch*（New York: Pantheon, 1994）中沒有那麼諷刺，但十分有趣的“Watch with Me”。

往或自願聯繫的私人世界的事情，交給國家和它的政府機構。另一個做法是利用不同的行政組織，例如國際紅十字會（International Red Cross）和世界衛生組織（World Health Organization）。這些非政府組織（NGOs）——這個統稱表明國家政府在世俗世界中的規範地位——往往比國家更有效地行動，雖然有時它們較少向公眾負責。可惜，這些非政府組織雖然應該與政府十分不同，但卻漸漸成了政府的翻版。因此，將窮人和富人的健康護理分隔的鴻溝，變成官僚地管理的政策和計劃，不單好像它們宣稱那樣為窮人的利益著想，也同樣為本身的利益著想，甚至更重視本身的利益。藉著採納國家的模式，醫藥也採納國家的妒忌、對抗和競爭邏輯，在同化的策略失敗時，便「必須」施行強制。「先進醫學」不單與國家結盟，在美國強迫超過六萬人絕育，更刻意將優生理論和實行出口到世界其他地方——包括納粹前的德國[21]；它也進行塔斯基吉梅毒研究（Tuskegee Syphilis Study），從一九三二年到一九七二年，在阿拉巴馬州追蹤受梅毒感染的非洲裔美國男性，但卻沒有治療他們，雖然早在一九四七年已經可以有效治療這種病。[22] 雖然不同政府團體都已經為這些錯誤道歉，但在資源不足而且往往疾病過多的

21　再參 Edwin Black, *War against the Weak*（New York: Four Walls Eight Windows, 2003）。

22　參 *Tuskegee's Truths: Rethinking the Tuskegee Syphilis Study*, edited by Susan M. Reverby（Chapel Hill: University of North Carolina Press, 2000）；以及 Allan M. Brandt, *No Magic Bullet: A Social History of Venereal Disease in the United States since 1880*（New York: Oxford University Press, 1987）。

國家仍然進行著類似令人困擾的研究，而且受害者總是最沒有能力拒絕的人。[23]

藉著模仿國家，醫藥進一步採納供不應求這種功利、零和(zero-sum)的計算，認定有些人值得救，另一些人則因為花費太多，不值得理會，而知道現在這排除某些人的決定是個別作出的(至少在「發達國家」是這樣)，這並沒有帶來多少安慰。我們從美國和納粹的優生學學到的似乎只是：對人類「貨品」的質量控制，應該由個別消費者而不是官僚國家決定。醫藥自我推銷為能夠提供不同的科技選擇，自詡為救世主，在個人選擇這片虛幻的應許地，將國家鋒利的刀鋒稍微磨鈍，卻從沒有提到，個人選擇在多大程度上取決於有甚麼選擇提供以及主導的潮流。

要縮窄富人和窮人得到的照顧之間的鴻溝，肯定需要國家和醫藥這兩種掌權的，但基督徒必定不能滿足於只投票

23 參 Thomas C. Quinn, Maria J. Wawer, Nelson Sewankambo, et al., "Viral Load and Heterosexual Transmission of Human Immunodeficiency Virus Type 1," *New England Journal of Medicine* 342 (2000) : 921 ~ 929，這個研究在烏干達找出一些夫婦，夫婦中其中一人帶有愛滋病毒，目的是找出甚麼因素引致病毒在異性戀之間傳播。Marica Angell 在同一期的編者語中失望地指出：「清楚明白這個研究對參加者意味著甚麼是重要的。這表示在長達三十個月，幾百個受愛滋病毒感染的人受到觀察，但卻沒有得到治療」("Investigators' Responsibilities for Human Subjects in Developing Countries," *New England Journal of Medicine* 342〔2000〕: 967 ~ 969)。也參 Ana Regina Comes Dos Reis 關於避孕研究令人困擾的一章，"Norplant in Brazil: Implantation Strategy in the Guise of Scientific Research," *Issues in Reproductive and Genetic Engineering: Journal of International Feminist Analysis* 3 (1990) : 111 ~ 118。

給有最好政策執掌權力的個人或政黨。我們永遠不能將照顧身體的責任委託給別人。我們個人和羣體都有責任照顧被邊緣化的人，這責任的模樣在耶穌的生命中體現出來：我們需要接觸被邊緣化的人，令他們重新投入羣體，也就是基督聚集的身體。

與窮人感通一體

如果醫藥依從福音的要求，可能會有甚麼模樣？首先，這種醫學實踐會古怪得足以激怒醫學界中那些積習難返的法利賽人。其中一個這樣做的團體是「健康伙伴」（Partners in Health）。領導這個機構的是其中一個創辦人法默醫生，我們在前文已提到他對「困境倫理學」的觀察。法默最為公眾認識的是，他是季德（Tracy Kidder）《愛無國界》（*Mountains beyond Mountains*；譯按：錢基蓮譯，台灣天下文化出版）這本感人傳記的主角。[24] 法默是內科醫生，傳染病專家，哈佛醫學院（Harvard Medical School）醫學及醫學人類學教授。他每年大部分時間都在海地的康熱（Cange）生活和工作，這個地方在西半球最貧窮的國家極其窮困的中部高原。在衞生懸殊的世界，海地是一個極端例子：

24 雖然我們將會看到法默的工作怎樣明確地建基於神學語言和信念，我們還是要十分感謝 M. Therese Lysaught 提供一個更大的神學—政治框架讓我們明白這些信念。Lysaught 在 2004 年在俄勒岡州尤金 Valley Covenant Church 的 Church and Culture Conference 中未經發表的演説“Anointing the Sick: A Christian Politics of Medicine”在這方面特別有用。

> 在美洲，海地的嬰兒和母親死亡率最高，營養不良和愛滋病的情況最嚴重。一般的死亡率……也是美洲最高的。四分一兒童長期營養不良，百分之三至六嚴重營養不良……五歲以下死去的兒童，有一半是死於急性呼吸道感染或腹瀉。四分一分娩個案發生併發症……百分之四十的人沒有基本的醫療保健，百分之七十六的分娩都由不合資格的人進行助產，只有一半兒童接受防疫注射。[25]

在這樣沒有希望的地方，法默的機構 Zanmi Lasante（海地的混合語，意思是「健康伙伴」）興建了一間附有迴廊和婦女診所的普通科醫院、一間肺結核治療中心、一間學校和一個每日供應二千份餐的厨房，全都在一間聖公會教堂附近。雖然診所和醫院收取象徵式費用，但沒有人因為負擔不起而得不到服務，這表示很多病人都免費接受他們十分需要的照料。不過，令 Zanmi Lasante 成功的，主要不是法默的驚人魄力，而是它的多個活動和機構都體現了團結一致和羣體擁有權。金錢、醫藥和物資都由美國和其他地方捐贈，但令這些東西有價值的是康熱當地的人。我們只舉一個例子，由當地訓練的社區護理員定期到很多肺結核和愛滋病人那裏進行家訪，期間找出誰需要食物、交通安排、房屋或缺乏清潔食水。人們在這裏共同分享的健康超越針對個人的治療：在 Zanmi Lasante，食物和醫藥同樣充足。

結果很顯著：經母體傳播的愛滋病毒減少到百分之四，

25 Paul Farmer, "Political Violence and Public Health in Haiti," *New England Journal of Medicine* 350, no. 15 (2004): 1483 ~ 1486.

大大低於目前美國的比率。超過七百個病人接受雞尾酒療法，美國大部分愛滋病人都接受這種治療，但大部分貧窮的海地人都不能負擔。嬰兒死亡率和營養不良也大幅減少。肺結核病人得到系統性、以社區為基礎的方式治療，而且治療成本比美國低得多。自從一九八八年開始，康熱便再沒有人死於肺結核。

法默和他的同事也在世界其他貧困地區工作，進行類似「不可能完成的」計劃。其中一位很早便支持法默的人是魯森神父（Father Jack Roussin），他是「眾天使的聖馬利亞堂」（St. Mary of the Angels）的牧者，這間教堂位於波士頓一個貧困的社區。魯森神父在祕魯利馬（Lima）的貧民窟工作期間感染了多重抗藥性結核（MDR-TB，multidrug-resistant tuberculosis 的縮寫），法默和「健康伙伴」另一位醫生金辰勇（Dr. Kim Jim Yong）向世界衞生組織證明，世衞刻意忽略多重抗藥性結核，是基於錯誤的假設和虛假的節儉。這兩位醫生以十分小心監控的方式使用昂貴的「二線」藥物〔譯按：亦即輔助藥物〕治療大部分肺結核專家視為「沒有希望」的個案，病人的康復率竟然高達百分之八十五。而這些「二線」藥物通常留給較富裕的「發達國家」，只在首選的藥物無效時才使用的。自從那時開始，世衞便改變了它對多重抗藥性結核的指引，採納了這種新做法，而且令那些重視成本的人也滿意的是，治療開支在五年內節省了百分之九十。[26]

26 Tracy Kidder, *Mountains beyond Mountains*（New York: Random House, 2003）, 241～260.

法默令我們感興趣的是，這個受洗的羅馬天主教徒本來從不感到自己生來就接受的宗教很有吸引力，最初他找不到適合的語言來描述他對健康護理的願景，直到薩爾瓦多的大主教羅梅羅（Oscar Romero）被暗殺後，他發現了解放神學。透過閱讀以及愈來愈了解窮人的掙扎，他愈發感到自己與貧窮的海地人，以及為他們請命的修女和「教會的姊妹」有共同的目標。季德這樣描述法默的改變過程：

> 他已經受到解放神學吸引。他說這種思想「十分有力地駁斥隱藏貧窮的做法。這種駁斥超越學術分析」。在海地，他感到教義的本質充滿生氣。他遇到的農民幾乎都有一種信念，彷彿是解放神學的精華。他們告訴他：「其他人都憎恨我們，但上帝更愛窮人。而我們的目標是公義的」……〔法默〕現在重新感到天主教教義的吸引力，不是因為他自己的信念，而是因為他認同他們的信念，那是一種他稱為「感通一體」的行動。[27]

我們很容易將法默的工作解釋為：一個世俗的醫生兼人類學家利用「與教會的連繫」，或者運用宗教語言，為了自己的目的而從事「圖利的工作」。事實剛好相反，法默運用明確的神學語言描述他看到的現實，將他的看法與權貴的看法對照。這些權貴如果回應窮人的話，也只會用廢棄的物料或次等、「符合成本效益」的治療方法：

27 Kidder, *Mountains beyond Mountains*, 78.

> 宗教信仰在哈佛那麼受鄙視，對窮人——不單是海地，也包括其他地方——卻那麼重要，令我更堅信信仰一定是好的……我知道這聽起來很膚淺，甚麼人民的鴉片，甚麼需要相信，甚麼痛苦的麻醉劑，但我並不感到膚淺。它比我認識的其他感情都更深刻，我接受了一個觀念：在一個表面上無神的世界，人們崇拜金錢和權力，而且更誘人的是，崇拜個人效力和升遷，就好像在杜克和哈佛大學一樣；但仍然有一個地方可以找到上帝，那就是在窮人的苦難中間。[28]

法默會說法語、海地的混合語和西班牙語，他在社會思想方面也同樣有多語能力。他似乎可以自如地運用解放神學或人權的語言，視乎對象而定。[29] 即使這樣，在《權力病理學：健康、人權和針對窮人的新戰爭》（*Pathologies of Power: Health, Human Rights, and the New War on the Poor*）這本書中，他稱自己的描述性敘事為「作見證」，並在理論更強的第二部分開頭的兩章用這樣的標題：「健康、醫治和社會公義：解放神學的洞見」（Health, Healing, and Social Justice: Insights from Liberation Theology）以及「聆聽先知的聲音：批判市場為本醫學」（Listening for Prophetic Voices: A Critique of Market-Based Medicine）。

「健康伙伴」經常使用的非正式口號是"O for the P"——

28 Kidder, *Mountains beyond Mountains*, 85.

29 權利話語和上帝話語並非互相排斥，但用維根斯坦（Ludwig Wittgenstein）的話說，它們是十分不同的語言遊戲。

「給窮人的選項」(“Option for the Poor”),經過對社會、聖經和教會進行很多反省後,在一九七九年於墨西哥普埃夫拉(Puebla)舉行的拉丁美洲主教會議中,這口號成了新的神學辭彙。[30]「健康伙伴」提出這種選擇,不是因為窮人更好或更蒙上帝眷愛,而是因為掌權的喜歡服事有權有勢的人,令窮人和無權無勇的人沒有人理會。窮人是我們可以從中找到基督的地方(參太二十五),祂要求我們的遠遠不單是將有餘的金錢、過時的設備或棄用的醫藥送到外國,緩和自己的罪疚感。正如法默指出:

> 我們很多人……都聽過類似……「無家可歸的窮人和所有其他人一樣配得良好醫藥」這樣的口號。窮人有優先選擇權這個觀念,改變這個口號來挑戰我們:無家可歸的窮人比所有其他人**更**配得到良好醫藥。每當醫藥嘗試將最好的服務留給患病的窮人,你便可以肯定,那就是讓窮人選擇的醫藥。[31]

---

30 這句話的歷史由其中一位主要提倡者 Gustavo Gutiérrez 在接受 Daniel Hartnett 訪問時簡短地講述,見“Remembering the Poor: An Interview with Gustavo Gutiérrez,” *America*, Feb. 3, 2003。可以在網上找到:www.Americamagazine.org/gettext.cfm?articleTypeID=1&ID=2755&issueID=420。

31 Farmer, *Pathologies of Power*, 155。雖然我們對政府就健康問題提供的解決方法保持健康的懷疑,我們也承認在掌權的裏面仍然殘留著良善,尋求推進這良善而又不致被它奴役。考慮一下如果法默的看法更普及,關於普遍健康護理的辯論在美國(除了南非,美國是惟一沒有為公民提供某程度健康護理的「發達國家」)可能會有甚麼結果。與其抱怨某些程序的輪候時間太長(正如在加拿大那樣),我們寧可專注於最終令數以百萬計本來不能接受這些程序的美國人都可以接受它們。

法默直接挑戰醫藥和國家的結盟，他提醒讀者，醫藥的「短缺」很大程度上是國家虛構出來的。全球的健康資源其實沒有短缺，而是不公平地分配，而國界往往妨礙人們取得這些資源。在《權力病理學》中，法默明確指出，掌權的鼓勵我們接受並視之為必然的結構性暴力，以及全球人類的深重苦難。供不應求的零和邏輯引致暴力、匱乏和疾病這些很容易預測的模式。法默號召讀者實行「實用的團結一致」，超越界限，看清楚那個更大的羣體，是我們有責任照顧的。

不要妨礙他們

「健康伙伴」雖然使用基督教語言和理論，但始終不是基督教機構。不過它提供一個模式給基督徒，是與統治世界那掌權的不同的。如果想尋求教會色彩更濃厚的例子，可以考慮危地馬拉阿蒂特湖（Atitlan）沿岸的《聖路加托利馬使命團》（San Lucas Toliman Mission）。

長達四十年，聖路加托利馬的人在謝弗神父（Father Greg Schaffer）的幫助和明尼蘇達州新阿爾姆教區（Diocese of New Ulm）的支持下，只是簡單地以成為教會來回應很多人的需要。大部分美國人聽到**宣教**這個詞時，想到的是好意的中產白種美國人入侵森林，令赤裸的土著歸信。謝弗神父受到危地馬拉同事的教導，形容這種要別人改變宗教信仰的模式為「要填滿帳篷的努力」；這與佈道不同，他理解的佈道是「將創造主想要的帶給上帝的創造」。[32] 他承認，「我們學會去做的是給人們一個機會，然後不要妨礙他們」。[33] 在一個地方逗留了四十年後，「不要妨礙他們」明顯並非表示提供一份筆記，然後便離開。或許我們可以更好地將它理解為同在但卻不帶來妨礙。這提醒所有參與的人，每個人都是恩典的管道，根據呼召服事別人，但從不因為自己需要「對人有幫助」而不必要地阻礙別人。

早在一九六四年，聖路加托利馬的"La Parroquia"（教區教堂）便以分派食物作為救援輔助的開始，漸漸轉為建立集體農場，養蜂，種植和出售「公平貿易」咖啡，為眾家庭取得農地，以及從事重新造林和保育計劃。[34] 健康護理最初在教區辦公室的一個小房間提供，而兩層高的新診所則提供現代化的住院和門診服務，包括兒科、成人、產科、眼科和牙科診所，也有營養中心、急症室和手術室。也興建了小學和中學，聘請了教職員，土地得到更平等的分配，也興建了房屋，建立了農田，是能夠取得清潔食水的。這個過程的每一步，都是因為人民表明他們有甚麼需要，教會則扮演催化

32 引自 2004 年 4 月在危地馬拉 La Antigua 舉行的 International Health Medical Education Consortium Conference。在身體的健康這個更大的背景下，我們在這裏聽到貝里的迴響：「要富創意就必須有健康：在創造中令自己充滿生氣，令創造在自己裏面充滿生氣，全新地看創造，全新地歡迎自己在創造裏面的職分⋯⋯最富創意的工作都是為這種健康而採取的策略」（Wendell Berry, "Healing," in *What Are People For?*, 9）。

33 語出 Dr. Greg Schaffer，引自與其中一位作者的個人電話談話。

34 這些資料很多都來自 Encarncion Ajcot 可喜的 *Maltiox Tat: A History of Father Gregory Schaffer and the San Lucas Toliman Mission*，私人出版，可以向明尼蘇達州的新阿爾姆教區訂購。

劑，並將人民的思想化為現實。或許最不可思議的是，這一切是在長達三十六年的內戰期間成就，雖然聖路加托利馬避過了內戰最可怕的暴行，但仍然受到內戰影響。[35]

和「健康伙伴」一樣，如果沒有「發達國家」的贊助人，聖路加托利馬使命團便不能生存。這些忙碌的人本來可以選擇更有價值的事業。謝弗神父到危地馬拉，因為教會的上級要他去。但現在他承認，基督教對基督身體的理解，強調我們對與甚麼人聯繫實際上沒有選擇權。就好像家庭一樣，我們都是弟兄姊妹，倚靠同一位上帝。他說，他的工作教導他的是先知不斷給以色列人的提醒：我們都十分卑微，需要倚靠上帝，而這種與上帝的基本關係界定我們與所有其他人的關係。我們看不見這點時，便偏離了上帝的國。

謝弗神父和我們分享切萊斯蒂諾（Celestino）的故事，

35　以下書籍論述美國政府介入叛變，後來並演變成內戰那段令人憂愁和困擾的歷史：Stephen Schlesinger and Stephen Kinzer 的 *Bitter Fruit: The Story of the American Coup in Guatemala*, expanded ed.（Cambridge, MA: Harvard University Press, 1999）；以及 Nicholas Cullather 的 *Secret History: The CIA's Classified Account of Its Operations in Guatemala, 1952～1954*（Stanford, CA: Stanford University Press, 1999）。Daniel Wilkinson 在 *Silence on the Mountain: Stories of Terror, Betrayal, and Forgetting in Guatemala*（Boston, MA: Houghton Mifflin, 2002）探討其後的戰爭那可怕的暴力。在 1950 年代，危地馬拉的羅馬天主教的神職階級支持美軍。到了 1990 年代，這情況和其他幾方面都完全改變。1998 年 4 月，七十五歲的輔理主教 Juan José Gerardi Conedera 發表了教會對戰爭長達一千四百四十頁的報告，題為"Guatemala: Nunca Mas"（永遠不再）。報告估計內戰中二十萬名死者中，超過百分之八十是被由美國支持（而且往往由美國訓練）的危地馬拉軍人殺害或「使之消失」。報告公佈後兩天，Gerardi 主教在車房被謀殺，兇徒以一塊水泥板打碎他的頭骨。

他本來是聖路加托利馬一個風趣和愛開玩笑的人，但因為僱主專橫，居住環境差，以及有很多東西他都無力供應家人而變得沮喪。[36] 用醫學的術語，切萊斯蒂諾似乎患上抑鬱症。謝弗神父問切萊斯蒂諾為甚麼那麼消沉時，他回答說：「神父，今天〔我〕發現一些事情：我是動物。」多年的赤貧令他充滿生命力，但在掌權的那重壓下，他終於倒下。不久，在準備教授教義問答的會友的教會會議中，謝弗神父問誰可以為當地的建築計劃預備用手鋸鋸出的木材。令謝弗神父驚訝的是，切萊斯蒂諾有點猶疑地舉手說：「神父，我不知道我是否做得來，但我一定會試。」切萊斯蒂諾找了一位懂得怎樣使用七呎長的坑鋸的老工匠，很快便掌握了那技術，甚至可以訓練別人。大約在同一時間，他和太太在由使命團開辦的夜校學懂閱讀和寫字。他們的大女兒是第一個到教會資助學校上學的馬雅—卡克奇克爾（Maya-Cakchiquel）女孩。她後來回到那間學校，擔任助教，鼓勵其他接受教育的女孩。她的一個弟弟也是教師，另一個則攻讀醫科，成為醫生，服事自己的同胞。她的一個妹妹則協助當地的公平貿易咖啡計劃。

切萊斯蒂諾幫助朋友和鄰居興建房屋，最後才為自己一家這樣做——他終於可以為這房子而感到自豪。他也從教區「為沒有土地的人提供土地」這個計劃得到三畝地，他用這塊地養活一家，也種了一點兒咖啡豆。他現在開玩笑地說他用手鋸出來的木板比其他地方用機器鋸的木材好得多。

36 Father Greg Schaffer 在個人通訊中向我們講述。

在講述切萊斯蒂諾的故事時，謝弗神父總結說：「他是自負的，而且理應這樣！他遇到機會，好好把握，而我們則不能妨礙他！」

這不是美國那些由貧窮變富有、個人勝過環境、在物質上成功的典型故事。切萊斯蒂諾的故事是羣體性的——源自眾人共同的需要，在這裏不單是建築所需的木材，也是耕種所需的土地，人們需要的學校，以及可以為之感到自豪的工作。這一切開始，是因為有人（在這裏是謝弗神父，但也可以是任何人）看見，想到並問道有甚麼不對勁。[37] 切萊斯蒂諾的物質和靈性貧乏不再是不可見的，他也由羣體取回。正如在路加福音，身體的疾病、物質的缺乏和靈性的沮喪之間沒有明確的界線；如果要有真正的醫治，這一切都要在羣體中處理。

並非每一個人都可以獻出一生來服事海地或危地馬拉的人，但每年都有數以百計的人在這些和類似的工作中作出短期的努力，還有數以千計的人提供金錢和物質上的支持。基督徒永遠不能單靠寫支票來完成自己對身體的責任，但要認出跨越國界的共同身體，至少可以從寫支票開始。

37「你有甚麼不對勁？」當然是聖杯騎士 Parzival 最終問受傷的 Anfortas 的國王的問題，但只是在長期堅忍地跟隨他那（很遺憾地）錯失了的機會後。這個中世紀史詩的中心是接待和憐憫，對我們今天講述的故事缺乏德行有很多話說。好歷險的人可能想看 Chretien de Troyes 的 *Perceval* 或 Wolfram von Eschenbach 的 *Parzival*，不過專注力沒有那麼長久的人閱讀 Katherine Paterson 那可喜的重述 *Parzival: The Quest of the Grail Knight*（New York: Lodestar Books, 1998）會有收穫。

不單是聖人的工作

並非每個人都可以到發展中國家。並非每個人都是德蘭修女（Mother Teresa）。很多好心的基督徒都不考慮這些服事，視之為「聖人的工作」，意思是「只是為那些毋須活在真實世界的人而設」。但如果將聖人視為超人，基督徒給他們的尊崇在神學上便變得不一致。聖人得到尊崇，是因為透過他們每個人，上帝顯示另一種分享基督生命的方法。透過他們，我們可以瞥見，如果我們向上帝的能力開放，上帝可以透過我們的生命做甚麼事情。如果我們將聖人「放在高位」，便毫不費勁地逃避他們對我們的生活方式提出那種困擾我們的要求。多蘿西．戴（Dorothy Day）自己也不是容易受騙的人，她否定自己是活著的聖人這種說法，強調：「我不想人們這麼輕易將我打發掉」。

我們透過過分關注個人和個人的神聖自主而暗暗加深醫療照顧中的鴻溝，這種鴻溝很容易在好像美國這樣的國家裏找到。令事情更糟的是，好像大部分美國城市那樣，窮人和過分富有的人那無形的接近，由於傳媒對甚麼才構成「正常」的描述而極端化。傳媒描述的「正常」是：擁有大房車、珠寶、有閒暇接受自助訓練。希菲克（David Hilfiker）是家庭醫生，他離開明尼蘇達州的市郊，到華盛頓的市中心工作。他留意到在這種環境下，貧窮可以殘忍地成為社會的一部分。[38] 在這裏和外地很多「極貧困的人」中，單單移開經

38 Hilfiker 在明尼蘇達州的經驗和他決定搬到華盛頓都記錄在他的書 *Healing the Wounds: A Physician Looks at His Work*（New York:

濟和政治壓迫的軛就已足夠——只要這樣做，窮人的生活便會很好。至於另一些人，他們甚至連維持生計的工具也失去了，所以需要創新的經濟和教育援助。不過，還有第三羣人，他們連脫離貧窮的盼望也失去了——他們不再相信事情可以有任何不同。[39] 毒品、酒精、濫交和不加區別地使用暴力只會令絕望加深。當人們被與鬼魔十分相似的東西纏擾時，單單「不妨礙他們」已經不再奏效。

在美國的首都，希菲克行醫的方式和在明尼蘇達州行得通的做法十分不同。在華盛頓，希菲克從事一種新的專科：「貧窮醫藥」（poverty medicine）。根據這種醫藥，「在大部分醫治中，『嚴格意義上的醫藥』不是最重要的因素」。[40] 希菲克自己也承認，他的實踐和寫作是關於種族、文化和「在藥物……深深地扎根在我們的社會前，醫藥的無助」，多於關於醫藥（頁 13）。這些實踐和寫作較少關乎

> 為政治和社會改變開出大膽的藥方；而較多關乎發覺自己突然受困於政府和窮人那被破壞的關係之中。那是關乎政府長達二十年的引退和刻意減少資助社會機構帶來的嚴酷

Pantheon, 1985）中。其中兩章原本刊登在 *New England Journal of Medicine*。

39 David Hilfiker, "The New American Hopelessness: A Kingdom Response," in *Upholding the Vision: Serving the Poor in Training and Beyond*, 2nd ed., edited by David Caes (Philadelphia, PA: Christian Community Health Fellowship, 1996).

40 David Hilfiker, *Not All of Us Are Saints: A Doctor's Journey with the Poor* (New York: Ballantine, 1994), 11；下引此書只標頁數不另標註。

> 後果，關乎提供協助的人走向社會政策那些緊閉的門和死胡同時的無助。那是關乎全面離棄窮人。(頁 13)[41]

但好像法默和聖路加托利馬的宣教士一樣，希菲克透過神學用語來看窮人遭受的暴力：

> 對在市中心的窮人中間的醫療工作，如果有人排除靈性(或甚至明確的宗教)動機，關於一九九〇年代便沒有甚麼話可說，至少在華盛頓如是。除了將照顧從貧窮和無家可歸那些不斷增長的世界中過濾掉外……剩下的往往是教會羣體和其他附屬宗教組織，嘗試應付極大的困難，滿足甚至是窮人最低限度、最基本的需要……視經濟和政治壓迫為貧窮的成因這種「自由派」的傾向，不應該令我們無視一個事實：不公平的社會產生一種破碎，是不能總是藉著除去不公平來處理的。(頁 21～22)

希菲克在他教會羣體支持下，發覺自己蒙召與窮人一起生活，在他們自己的社區，在「基督之家」(Christ House)這個留醫設施樓上的居所為他們提供醫療護理。他將窮人帶回羣體，主要不是藉著治療傷勢，而更是藉著與窮人的羣體

41 對美國為窮人提供的醫療照顧的任何批評都必須考慮這種放棄。任何在為了照顧窮人的機構中工作過的人都知道，在盡了個人最大努力後，情況並沒有改變時，最好心的人也很快會變得憤世嫉俗。在這種系統中工作的人很多都真的有同情心，願意為了別人的好處而犧牲一點自己個人的舒適。不過，作為一個羣體，美國容許窮人被遺棄。我們相信上帝會給我們相應的審判。

同在，以他可以用的有限方式進入這個羣體。希菲克的寫作技巧可能不及法默的傳記作者，但他的故事仍然很感人，這某程度上是因為他那令人不安的誠實：他將我們大部分人在聽到對窮人的責任時運用的中產階級藉口駁斥得體無完膚。他堅定地檢視無可避免地令他遠離服事對象的各種差別：種族、階級和生命經驗。他對自己的失敗的關注並不比對自己的成功少：

> 或許在窮人中生活，最深刻的痛苦是將我自己的限制和受傷與他們的限制和受傷放在一起……公義的要求——至少在這個城市——是無限的。而正是在嘗試以某種微小的方式回應時，我發現自己受傷的心，自己的限制。（頁 168）

但他在實踐「貧窮醫藥」時接受的限制不單是個人的。醫藥的掌權的強加了很多它本身的限制：城市的醫院因為病人無力支付他們的醫藥開支的一小部分而搖搖欲墜，醫藥教育系統利用城市的窮人來進行訓練，醫生為希菲克的工作喝彩，雖然他們質疑他將「專業教育浪費」在更適合「社工或護士」的事情上這個決定（頁 213）。我們都是破碎的人，在掌權的影響下工作。只是靠著上帝的恩典，以及我們聚集成的羣體的支持，我們才可以有堅持下去的盼望。

實踐同在

希菲克最終離開了基督之家，為受愛滋病毒感染的病人建立類似的住宿設施。在他的新環境中，沒有改變的是他的身體仍然不安地十分接近窮人，這直接的相遇防止醫藥的掌權的將窮人化為抽象的事物——回到家裏的病人（如果他有家的話），那裏是我們大部分生活環境比較舒適的人選擇不去想的地方。其他人，包括醫藥專業以內和以外的人，都蒙召以自己的方式與窮人同在。如果我們不能搬到市中心實踐「貧窮醫藥」，我們可以以其他實踐接待的方式與窮人同在，包括：施食處、食物銀行、房屋援助、戒毒計劃和中途宿舍。身為基督徒，我們也可以向世俗掌權的作見證，鼓勵他們至少視窮人的需要和幸運兒的需要同樣重要。

在醫療教育的系統裏，必須更在意窮人的需要。「基督徒羣體健康團契」（Christian Community Health Fellowship）鼓勵這種在意，並號召學生、護士、治療師和醫生留意。[42] 很多持久的努力——例如位於辛辛那提（Cincinnati）一個相當貧窮社區的「十字路健康中心」（Crossroad Health Center）——都是受到珀金斯（John Perkins）的著作啟發。珀金斯對自己在赤貧和受壓迫的羣體中間的工作進行反思，強調基督徒有責任遷移、和解及重新分配：在我們服事的人中間生活和工作，恰當地愛上帝和鄰舍，以我們的生命、教育和天賦服事羣體。目標是靠著上帝的恩典，應付貧窮和受壓迫的羣體那些往往沒有得到照料的普遍需要：需要屬於一個地方，

42 參 David Caes 所編輯的 *Caring for the Least of These: Serving Christ among the Poor*（Scottdale, PA: Herald Press, 1992）和 *Upholding the Vision: Serving the Poor in Training and Beyond*, 2nd ed.（Philadelphia, PA: CCHF, 1996）。

需要變得有意義和重要，需要有合理程度的保障。[43]

基督徒的目標不是令世上每個人都可以負擔整容手術，或以純粹個人的方式使用醫療科技；而是有一個羣體，在其中我們的關係網得到承認，並藉著忠於上帝而得到培育。這種羣體需要身體的同在，而不是「望遠鏡式的慈善」或者順道的慈善行動。身體的同在令思想和靈都向感官開放，令我們能夠真正看到窮人，聽到受苦的人，觸摸到病人——也讓他們看到、聽到和觸摸到我們。法默、謝弗神父和希菲克以及無數其他人經歷的，不啻是一種歸信，由各種掌權的鼓勵我們不要看、聽或觸摸的每一個人所引導。藉著與窮人同在，我們學習怎樣棲居在自己的身體中，在我們意想不到的地方認出自己，跨越我們曾經以為是不能跨越的界限。

43 參 John Perkins 的 *Restoring At-Risk Communities: Doing It Together and Doing It Right*（Grand Rapids, MI: Baker, 1995）和 *Beyond Charity: The Call to Christian Community Development*（Grand Rapids, MI: Baker, 1993）。Perkins 在 Charles Marsh 的 *The Beloved Community: How Faith Shapes Social Justice, from the Civil Rights Movement to Today*（New York: Basic Books, 2005）中扮演重要的角色。

第七章
金錢買不到的完美

想像你自己是電影導演，要將馬太福音拍成電影，劇本強調「一字一句也要忠於福音書的文本」。[1] 你已經嘗試將德米耶（DeMille）、澤菲雷利（Zeffirelli）、史高西斯（Scorsese），或者甚至是蒙提派森（Morty Python）的影像從思想中清除，但令你感到煩擾的是，這些描述不斷偷偷跑進你的作品中。〔譯按：前三人皆名導演，都拍攝過關於基督生平的電影，後者為電視喜劇劇作組合，曾拍攝蒙提派森與聖杯〕今天你正在拍攝登山寶訓，[2] 你希望給這一幕一點新意，甚至令人驚訝。你追求真實。

你從耶穌聽眾的角度拍攝，耶穌坐（好像祂那時的猶太教師習慣的那樣）在山頂，門徒圍繞著祂。你要求化裝師

---

1 我們明白由於很多原因，這種努力一開始便註定失敗。

2 甚至作為場景背景的標題都來自聖經以外。「登山寶訓」最初由奧古斯丁用來指馬太福音五章 1 節至七章 29 節。

和服裝師將耶穌打扮成第一世紀不修邊幅的巴勒斯坦先知的樣子：疲倦、邋遢、滿身塵土；那跟北美想像的那種體態優美、像北歐人、有點柔弱的普及耶穌形象截然不同。耶穌正在教導——這本身不是有趣的影像，挑戰門徒走上帝國的路，為他們解釋「律法和先知」[3]，勸他們彼此和平共處、愛仇敵、照顧有需要的人、為自己積財寶在天上。登山寶訓充滿深奧、令人困擾的話，但為了戲劇效果，你強調耶穌論述的中心那句震撼人的話：「所以你們要完美，像你們的天父完美一樣。」[4]〔譯按：和合本譯作「完全」〕音樂逐漸增強；鏡頭由遠到近，直到畫面上只看到耶穌那張遠遠不算完美的臉孔。

對現代的耳朵來說，耶穌所講的這個關於道德完美而人們一再重複的勸告，要不是令人厭惡，至少也是不合情理的。畢竟，沒有人是完美的。即使我們甚至可以想像這句話可能有甚麼意思，就我們自己的行為來說，當代北美文化中大部分人都已經放棄追求完美，很實際地視之為不切實際、不可能、不能想像或甚至是危險的。甚至大部分當代的基督徒都似乎對完美沒有多大興趣；畢竟正如流行的話所說：「基督徒並不完美，只是蒙赦免。」在這個意義上，我們不自覺地跟隨了二十世紀最著名的「公共」神學家尼布爾（Reinhold Niebuhr），他很著名地視耶穌的教導為「不可能的倫理理

3 也就是聖經。即使在今天，「猶太聖經」稱為 *Tanakh*，這是將 *Torah*（律法）、*Neviim*（先知）和 *Ketuvim*（著作）這幾個詞省略而組成。

4 根據 John Howard Yoder, *The Politics of Jesus*（Grand Rapids, MI: Eerdmans, 1972）, 119：「欽定本聖經對 48 節的翻譯……多年來都成為整個登山寶訓的關鍵」。我們很快便會回到 Yoder 對這段經文的分析。

想」，[5] 值得羡慕，但肯定不值得追求。尼布爾宣稱，耶穌教導的生命之道，「超越人類生命頂峯的可能性，正如上帝超越世界一樣」。[6] 尼布爾一定是對的。耶穌肯定並非要人們按字面理解祂的話，不是嗎？唔，那視乎……

一種不同的完美

現在想像一個不同的場景，這場景很可能比登山寶訓更熟悉，因為它每星期都透過有線電視廣播傳送到數以百萬計的美國家庭。它可以以任何電視節目的形式出現：意淫的連續劇、「電視實況」遊戲節目或紀錄片——雖然不單提供知識，也提供娛樂。無論節目是甚麼類型，節目在空間上都以醫生的辦公室為中心，而且辦公室幾乎總是座落市郊以白人為主的高尚社區。醫生往往是年青人，通常是男性，而且一定充滿魅力，十分吸引。他們提供的不是指示，而是服務；他們坐著，面對的不是門徒，而是客戶。他們是整容整形醫生（cosmetic plastic surgeon），[7] 而他們好像耶穌一樣，提倡

5 Reinhold Niebuhr, "The Relevance of an Impossible Ethical Ideal," in *An Interpretation of Christian Ethics* (San Francisco, CA: Harper and Row, 1963), 62 ～ 83.

6 "The Ethics of Jesus," in *An Interpretation of Christian Ethics*, 22.

7 雖然這裏的定義有點不確定，嚴格來說，整容外科（cosmetic surgery）是整形外科（plastic surgery）的一個分支。整容外科——例如隆胸、整容和「抽脂」（tummy tucks）——是以正常的結構為基礎「改良」其外表。重整外科（reconstructive surgery）是整形外科的另一個分支，藉著改變身體不正常的部分，從而改進功能或外表。這方面的例子包括唇裂或腭裂手術、修復損毀外形的疤痕和在燒傷後植皮。

和提供一種完美。

這類節目中有一個廣受歡迎的連續劇，劇中一再出現一個幾乎完全一樣的場面。兩個整容醫生在設備完善的辦公室坐在準客戶面前，中間隔著一張桌子。醫生問那個人：「告訴我們你對自己有甚麼不滿意」。由於這個環境，回應毫不令人驚訝。一個客戶說：「我的屁股」；另一個客戶說：「我的胸」；第三個客戶拖長地說：「我的膝頭」。當然，年青的醫生幾乎總是樂意以他們能夠運用的專長和技術給這些病人——或者更正確地說是向他們推銷——他們渴望得到的東西，無論是更好的屁股，更好的胸，還是更好的膝頭。

更好的身體？更好的自己？

我們的文化現在特別對整容手術著迷，也更普遍地對所謂改進技術（enhancement technologies）著迷。這種著迷即使不是不可思議，也是耐人尋味的。根據美國整形外科協會（American Society of Plastic Surgeons）的數字，單在二〇〇三年，醫生已經進行了差不多九百萬個程序，據稱是由病人自由地選擇，藉以「積極主動地管理老化的迹象，或者改進他們的外表」。[8] 而這還不包括數以百萬計的人使用好像威而鋼（Viagra™）這樣的藥物來改進性生活，服食好像百憂解（Prozac™）這類選擇性血清素再吸收抑制劑（SSRIs，

8 引自 2004 年 3 月 8 日 ASPS 的新聞稿，參 www.cosmeticsurgery-news.com/article2108.html。

selective serotonin reuptake inhibitors 的縮寫）來提升自己的情緒，或者熱切期待基因醫學的發展會令自己或自己仍未成孕的後代更聰明、更強健或更好看。透過醫學帶來改進已經變成主流。

考慮到前一章的討論，以及改進工業往往傾向將本身漫畫化，我們很容易譴責所有這些程序和技術是一派胡言，或者更糟的是，說基督徒永遠都不應該採用這些方法，毫不妥協。但我們懷疑，對所有可以描述為改進的做法和科技——無論是整容手術或 SSRIs 或基因醫學——一概加以譴責，會否是否定身體的諾斯底主義一種隱晦的類別。[9] 因為我們生命中肯定有正當的位置，可以至少容納這些東西提供的一些治療性好處。而且欣賞別人身體上的美麗，做愛的歡愉，有能力快樂地面對新一天，以及終有一天可能沒有由基因帶來的疾病，這一切本身都並非與基督徒對上帝創造的良好恩賜完全不相容。而如果真的是這樣，為甚麼不運用現有的科技改進我們對這些恩賜的欣賞？

我們需要承認，這是一個好問題，卻沒有簡單的答案。我們十分同意重整外科、抗抑鬱藥物和用來治療性功能障礙的藥物都可能是重要的好東西。但我們相信有十分具說服力的神學理由，要求基督徒在很多情況下拒絕這些科技。與這不確定的創造的所有特點一樣，好像身體的美、性歡愉或大致脫離憂鬱或身體的限制這樣的好處，最多也只是從屬的好處。只是在以與上帝的友誼為最大的好處，從這個角度看人

9　參本書第三章。

類的興旺，為這個目的服務時，渴望這些好處才是合理的。而我們覺得，人們使用改進技術時大多沒有怎樣想到上帝。正因為這樣，我們認為重要的是要提出兩個問題：我們對這些科技提供的好處那份渴求源自哪裏？這些好處意指那種對人類完美的論述有甚麼來源？

買更好的身體，製造更好的我

我們想提出的是，深入審視好些關於這些事情頗為常見的假設可能會有幫助。其中一個假設是渴求有春青、充滿活力的外表，有愉快、精力充沛的舉止——我們認為這些就是改進的典型目標——是「自然的」，在進化的過程中已經成了我們基因的一部分。我們想看起來年青、吸引和充滿活力，因為年青、吸引和活力令我們更有機會在性方面成功，因而更有機會在生育方面成功。換句話說，我們希望有吸引力，因為有吸引力的人更有機會有性行為，而這是有後代和延續家系的先決條件（雖然有本書第五章討論過的事情），而傳宗接代則是「所有物種的最終目標」。[10]

對為甚麼我們尋求改進自己的外表或舉止，這種社會生物學解釋確實很有趣，很可能某程度上也是對的——就一般情況來說。不過，與大部分社會生物學一樣，它實在簡化得

10 David Sarwer, Leanne Magee, and Vicki Clark, " Physical Appearance and Cosmetic Medical Treatments: Physiological and Socio-cultural influences, " *Journal of Cosmetic Dermatology* 2, no. 1 (January 2003) : 29 ~ 39, at 29.

太厲害，沒有多大幫助。[11] 這種論證不單粗率地誤解了進化論，而且根本不足以解釋為甚麼數以百萬計的美國人每年花數以十億元計的金錢改變自己的外表或個性，或者尋求控制自己兒女的特點。[12] 首先，實在有太多反面例子，顯示人們並不符合這些理想條件，但卻「在生育上成功」——包括本書的兩個作者。還有，我們仍未聽過令人滿意的社會生物學論證，可以解釋為甚麼注射保妥適（Botox®；譯按：A型肉毒桿菌毒素，用來去除皺紋）、隆胸和眼瞼整容術〔譯按：去除眼袋、魚尾紋等〕是「自然的」，而伴隨著年老出現的典型身體改變卻不是自然的。[13]

第二個假設在流行層面很可能更常得到提倡（如果不是被視為理所當然的話），那就是運用改進技術時，都是由理性、自主的個人自由地選擇——也就是說，那是「生活方式的選擇」。[14] 這無疑是真的，但條件是我們明白我們的理性和自由都由我們身處的文化模塑，從而受那文化限制；而且「生活方式的選擇」這個觀念是一個由語言和實踐構成的複

11 關於對社會生物學很好的批評，我們推薦 Wendell Berry, *Life Is a Miracle: An Essay against Modern Superstition*（Washington, DC: Counterpoint, 2000）。

12 這個研究的作者的優點是，他們在論述為甚麼人們渴望改進時，沒有限於運用進化生物學。

13 直到最近，所有這些「改進治療」都以一代人為目標，不能傳給下一代。因此以進化為改進辯護，可能進一步扭曲為對新達爾文主義的拉馬克式誤讀（拉馬克〔Jean-Baptiste Lamarck〕主張後天得到的特質會傳給後代）。現在「進步科學」有工具以消費優生學的名義改變種系，科學家很快便可以按他們的形象製造將來的世代。

14 這裏我們請讀者再次看註 8 引述的 ASPS 新聞稿。

雜網絡的一部分，這個網絡形成當代的消費資本主義社會。換句話說，我們選擇的東西，是我們的文化模塑我們想要的。就我們所知，埃利奧特（Carl Elliott）寫了對改進技術最富洞見的論述。[15] 他的著作令我們相信，當代對改進的接受，很大程度上可以從我們世界兩個緊密相連的方面來解釋：我們的精湛技術令大眾可以接觸到完全一樣的形象；以及我們政治經濟的本質。

在指出精湛科技時，我們主要不是指我們的文化對我們的生活環境愈來愈精密的控制（雖然這是令人歎為觀止的），而是指科技為傳媒服務的方式可以令好像改進這樣的事情顯得「自然」。正如埃利奧特指出，我們這個世界十分在意形象，很大程度上是它有大量形象之故。現時的科技——最明顯是電視——以視覺影像轟炸我們，那些形象提供人類外表和行為的理想，暗示我們與這理想距離愈遠，便愈沒有機會得到真正的快樂。[16]

電視為觀眾製造一個「另類現實」，那裏充斥著我們稱為明星的俊男美女，我們在某層面上渴望好像他們（頁 85）。我們認識明星，主要不是因為他們的成就，而是因為他們的形象無處不在。明星著名是因為他們不斷讓人看見。[17] 我們不斷接觸他們的形象，令我們好像埃利奧特所說那樣，以為

15 Carl Elliott, *Better than Well: American Medicine Meets the American Dream*（New York: Norton, 2003）；下引此書只標頁數不另標註。

16 有很詳盡的文獻記載美國人對電視的喜愛，這種喜愛也是眾所週知的事；根據 Elliott，美國家庭每天平均看大約七小時電視（頁 83～84）。

17 Elliott 說：「因此有 Daniel Boorstin 的名言：明星是因為知名而有知名度這種質素。」（頁 86）

「人類的真正價值在於讓人觀看這個現象」（頁 85）。我們接受的教導是，別人是否想看我們，視乎我們多接近視覺媒體投射和支持的理想，但要達到這個理想，大部分人都需要頗多幫助。[18]

大部分人都留意到，我們很容易得到這種幫助，因為推銷明星理想的媒體，也告訴我們有甚麼方法實現這個理想。消費資本主義隨著電視和其他視覺媒體興起而變得興旺，這絕非偶然，因為「消費資本主義行得通，至少某程度上是因為讓消費者看到良好生命的遠象。良好生命的遠象暗示消費者的生命有甚麼欠缺，並可以用消費產品來補救」（頁 119）。這種政治經濟的其中一個主要特點，是它出現有時稱為過度商品化（hypercommodification）這種傾向。消費資本主義不單教導我們想要甚麼，也教導我們視我們可能想要的一切，包括我們自己身體的理想形態，都是可供購買的。

埃利奧特指出，十九世紀後期的哲學家維布倫（Thorstein Veblen）和他《有閒階級論》（*The Theory of the Leisure Class*）這本書是對這個過程最有趣的解釋。維布倫是第一個人提出，有足夠能力的人會買某些東西，因為擁有那些東西給物主某種公共形象：

> 對買自己不需要的東西，或者買東西而不是為了實用的目的，而是為了得到公眾尊重，維布倫稱為誇耀性消費

18 如果讀者對這個描述有任何疑問，我們鼓勵他們只需要看一集 MTV 的 *I Want a Famous Face*。

（conspicuous consumption）。這不單是嘗試給人深刻的印象。消費也是**自我**尊重（**self**-esteem，或者用維布倫的說法是自我尊敬〔self-respect〕）的基礎，因為自我尊敬有賴別人的尊敬。在維布倫的世界，買東西的目的不是滿足你的需要，而是超越你的朋友和鄰居。（頁102）

不過，重要的是，要留意誇耀性消費者購物，不是為了突出自己，或被視為與眾不同。相反，他們的目標是融入——不是融入不能區分的大眾，而是融入消費者視為最可取的社會圈子，而這通常剛好超越他們現在身處的圈子。「維布倫說，這種努力的動機不是貪婪，而是競爭：消費者總是嘗試超越那些他們習慣用來與自己比較的人。」（頁104）[19]

在這裏，我們當然又回到以視覺為中心的媒體在模塑我們的慾望這方面的影響。我們從這些媒體和贊助它們的廣告（兩者愈來愈不能區分）學會想要甚麼以及與誰競爭。在所有文化中，外表和舉止都是「標記」，意思是它們的指涉超越它們本身，暗示一些社會屬性，例如財富、權力和性吸引力（頁116～117）。在當代誇耀性消費的文化中，以它對明星的崇拜，這個現象的含義以倍數增加。改進技術為消費者提供方法，改變自己的外表或舉止，從而以某種方式向可能在觀看自己的人說：「我有美好的人生」。

19 再一次，René Girard 了不起的著作十分有洞見。

以身分作為消費

更令人驚訝——雖然完全可以預期——的是，由形象推動的自我和身體的過度商品化，與個人身分混淆了。正如埃利奧特說，他對改進治療產生興趣，某程度上是因為讀了克雷默（Peter Kramer）的暢銷書《神奇百憂解》（*Listening to Prozac*）。[20] 隨著 SSRIs（選擇性血清素再吸收抑制劑）面世，將好像整容手術這樣的改進批評為「不忠於自我」開始受到猛烈攻擊。正如克雷默引述文獻證明，服食百憂解的病人並沒有宣稱這種藥令他們感到自己變成了不同的人；他們說這種藥令他們感到自己是真正的自己（頁 51）。對某些（但不是全部）服食 SSRIs 的病人來說，服了藥的人才是他們「真正的自己」，而百憂解是身分的裝置多於是治療。不久，數以千計沒有或只有輕微抑鬱症病歷的人都服食百憂解，原因是它對性格而不是情緒的影響。

但如果真正的身分只能夠透過消費產品——在這裏是藥物——的幫助才能實現，哪個自我才是「自然的」：服食百憂解的「真」我，還是沒有百憂解的「假」我？這似乎是應該由消費者決定的事。正是這樣，自我這種表面的可塑性將「真正的個人身分」變成另一件——或許是終極的——消費品。社會學家麥克拉肯（Grant McCracken）抱怨說：「以前這種自創是不可能的。以前我們由別人界定。宗教、羣體、工作、姻親、丈夫、兒女、我們的種族、我們的鄰居都

20 Peter Kramer, *Listening to Prozac*（New York: Viking Penguin, 1993）.

樂意告訴我們應該做甚麼」。不過，今天「我們都過著劇烈改變的生活。這是我們文化傳統的一大成就，也是我們個人生命的一大喜悅」。[21] 頻密和完全的改變性格是自由，而不再是反覆無常這種惡行的徵狀。正如埃利奧特指出，如果我們想像麥克拉肯極力讚美的是啟蒙的政治思想，而不是他真正關心的事情——一九五〇年代以來的女性髮型，也是情有可原的。「麥克拉肯的書《大背頭髮型》(*Big Hair*)的副題是『自我轉化之旅』(*A Journey into the Transformation of the Self*)，這個副題很好地描述麥克拉肯怎樣看頭髮。」(頁 115)

但這裏的問題遠比蜂窩式髮型(beehives)和楔型髮型(wedges)重要得多。身分本身也可供出售，市場是關乎甚麼放在貨架上，多於關乎人們想要甚麼。在埃利奧特有力地稱為「諾斯底真理」的東西中，他解釋道：「市場經濟與得到你想要的東西沒有甚麼關連；不過它與令你對供應的東西有良好感覺卻大有關連」(頁 135)。這實在是一種諾斯底真理，因為它以感覺和想望的人類主體——也就是那個有感覺和想望的「我」——以及任何個人存在的特定、具體環境之間有徹底的區別作為交易，並最終倚靠這種區別。

從正統基督教神學的眼光來看，這種區分完全是異端。因為脫離了身體的恩賜，還有甚麼自我可以存在去光顧身分市場？而如果思想和身分本身都可以用藥物來改變，沒有身

21 Grant McCracken, *Big Hair: A Journey into the Transformation of the Self* (Woodstock, NY: Overlook Press, 1996), 2.

體的自我以哪一部分進行這些選擇？很明顯，除了思想或靈魂中進行選擇的微小部分，沒有留下甚麼給這木偶自我賦予生命。選擇本身成了界定人類身分的標記。在將身分重塑為消費品時，個人被削成木屑，現代所寶貝的自主，原來只是比意志的勝利好不了多少。[22]

而身體呢？以古典諾斯底的方式，身體成了只是身分的外衣，與「真我」沒有任何關連，「真我」可以按自己的選擇重塑身體，因為已經有方法可以這樣做。因此，在埃利奧特最令人不安的其中一章，他與嗜截肢者（apotemnophiliacs）交談，這些人對有健全的四肢感到突兀，尋求本來不必要的截肢，藉以（重新）獲得一種「整全」的感覺。埃利奧特再次因為人們使用身分語言而驚訝。例如：「我一直都感到我應該截肢」、「我感到我本來就是這樣」、「那是渴望按我『認識』或『感覺』的自己來看自己」（頁211）。簡單來說，嗜截肢者感到，如果沒有截肢，他們便「被困於錯誤的身體內」。

但正如埃利奧特正確地問道，如果真我是由醫學製造出來，這樣的話實際上有甚麼意思？（頁211）而且，對正統基督徒來說，除了不能分割地連繫住靈的身體這恩賜外，還可以設想甚麼自我是處於「錯誤」的載體內？與大部分古典諾斯底主義不同，這種現代版本沒有那麼憎恨身體，而是將它工具化，令肉體成為意志可供塑造的奴僕。超越得多、沒

22　我們故意影射1934年Leni Reifenstahl歌頌紐倫堡大審判（Nuremberg Rally）的電影。

有形體的自我決定身體怎樣配合最新選擇的自我。如果版本 3.0 要求抽脂，版本 3.1 可能要求更奇特的雞尾模樣，而版本 3.2 則要求形狀很好看的下巴。

當然有比修長的大腿和增大的陰莖更嚴肅的身體—身分困境。聲稱自己被困於錯誤性別的身體的人又怎樣呢？我們不能自稱是這方面的專家。我們兩人都沒有足夠的想像力去設想脫離男性的特質。或許有原因支持以手術改變性器官，並以賀爾蒙重塑身體，讓肉體配合身體的形象。但長期在約翰霍普金斯大學（Johns Hopkins University）教授精神病學的麥克休（Paul McHugh）教授卻提出一個要求我們謹慎的原因。在一篇題為〈精神病學的災難〉（“Psychiatric Misadventures”）[23] 的文章中，麥克休描述三種流行的嘗試，是試圖超越精神病學有限的知識基礎（麥克休稱這基礎為「初步的醫學藝術」）：將精神分裂症視為「精神病學的壓迫」，多重人格障礙，以及性別重配手術。麥克休認為這最後一種「災難」利用手術來處理他視為精神病的問題。他說：「問題肯定出在思想而不是器官」。[24] 在辯論麥克休的見解的事實基礎前，將身體理解為上帝的獨特恩賜的基督徒，至少應該停下來考慮一下他的話。改變身體來配合思想，或者製造更為社會接受的思想—身體關係，不單有神學上的後果。埃利奧特指出：

23 Paul McHugh, “Psychiatric Misadventures,” *American Scholar* 61, no. 4 (1992): 497 ~ 510.

24 McHugh, “Psychiatric Misadventures,” 497 ~ 510.

> 在過去大約七十五年，精神病學和手術都有不尋常而且往往具破壞力的共謀：對過度手淫的人實行陰蒂切除術（clitoridectomy），以整容手術來治療自卑情結，為出生時外陰性別不明（ambiguous genitalia）的嬰孩進行間性手術（intersex surgery），以及最聲名狼藉的額葉切除術（frontal lobotomy）。這種共謀只有很少明確的成功例子。（頁235）

考慮到改進治療的歷史時，我們擔心同樣的連鎖事件會很容易在幾十年後出現。不過，更可能的情況是，好像赫胥黎（Huxley）的《美麗新世界》（*Brave New World*），或好像電影《變種異煞》（*Gattaca*）中描述的優生反面烏托邦（eugenic dystopia）那樣，我們會視事物的新秩序為正常，甚至是可取的。

分辨身體

聚集的身體，基督徒的身體，怎樣透過改進治療得到服事？歷史上，不同文化不單為了更受社會喜愛而改變身體，也為了確保社會凝聚而這樣做。例如紋身和其他身體改變都可以顯示地位或社會承擔。而抑鬱的父母如果服食適量的抗抑鬱藥，肯定可以更好地服事家人。不過，我們很快又走進身分的語言了。一個人在接受鼻子整形手術（cosmetic rhinoplasty）後得到的快樂而帶來的次要社會影響，能否作為支持花費大量金錢的理據？當然，如果真正的自我身分是主要問題，便沒有甚麼可以爭論了。

不過，考慮一下以下這些統計數字吧。在二〇〇一年，美國進行了一百八十萬個視力糾正程序（一隻眼睛當為一個程序），大部分是用激光原位角膜磨鑲術（LASIK surgery）。在最近一個蓋洛普（Gallup）民意調查中，百分之八十五的受訪者表示，他們對 LASIK 手術感興趣，主要是想「減低對眼鏡或隱形眼鏡的倚賴」。[25] 換句話說，他們尋求糾正性手術去代替他們「不自然」的眼鏡和隱形眼鏡。有些人真的感到 LASIK 手術帶來釋放，我們不一概譴責尋求或實行這種手術的人。不過，或許更難為之辯護的，是二〇〇三年進行的二十四萬六千六百三十三個純粹為了美容的眼瞼程序（眼瞼整容術）。[26]

現在讓我們只考慮世界上由兩種醫療狀況引致的失明：河盲症（river blindness，亦稱盤尾絲蟲病〔onchocerciasis〕）和沙眼（trachoma，亦稱顆粒性結膜炎）。河盲症出現在非洲、阿拉伯半島和美洲，是由目前感染超過一千八百萬人的寄生蟲引起，令三十萬人永久失明。估計有超過一億二千五百萬人有受這種疾病傳染的風險。在技術上而言，全球預防河盲症是可行的，只要殺死這些寄生蟲和傳播它們的蒼蠅就可以了。沙眼是由多次受到沙眼衣原體（*Chlamydia trachomatis*）這種微生物感染引致。這種微生物現在感染一億五千萬人，大部分在赤貧地區，引致五百九十

25 來源："Refractive Surgery – Statistics," 可以在網上找到，參 http://www.allaboutvision.com/resources/statistics-laser-eye-surgery.htm。

26 來源："Eyelid Surgery（Blepharoplasty）," 可以在網上找到，參 http://www.plasticsurgery.com/Eyelid_Surgery_（Blepharoplasty）/default.htm。

萬人永久失明，是除了白內障以外，引致全球最多失明個案的原因。沙眼可以藉著手術、抗生素、保持面部清潔和控制環境來治療或預防。[27]

在數以百萬計的人因為完全可以預防的疾病而失明時，利用醫學和經濟資源來收緊下垂的眼瞼是否用得其所？我們明白，至少從宏觀經濟學角度來看，這是一個愚蠢的問題。但我們不是以經濟學家或美國人的身分提出這個問題，我們也完全承認我們沒有有力的論據來說服經濟學家或美國人改變現時的狀況。不過，身為基督徒，我們提出這個問題，想到當蘇丹聚集的身體甚麼也看不見時，我們卻帶著完美的眼瞼領聖餐，會不會是在吃喝自己的罪（林前十一29）？在考慮接受整容醫學程序時，這些狀況應該至少讓我們停下來想一想。

愛有沒有任何地位？

在每種文化，從北美到蘇丹，某些外表和舉止都代表成功，也代表受人喜愛。這些外表和舉止不單說「我有美好的生命」，也引伸為「我受人喜愛，我配得到愛」。我們相信，歸根究柢，改進技術的普及很大程度上是關乎渴望受人喜愛，渴望融入，渴望別人視自己為有價值。你可以大談自

27 來源：“What Is River Blindness?”可以在網上找到，參 http://www.sightsavers.org/html/eyeconditions/river.htm 和“Prevalence of Trachoma,”可以在網上找到，參 http://www.sightsavers.org/html/eyeconditions/trachoma_extent.htm。

主的主體，「為我自己這樣做」；但我們為之做這些事情的自我，是想望別人想望我們的自我，是在意別人在意我們的自我。在這個以視覺為中心，充斥著視覺的世界，得到別人想望不單昂貴，更需要大量工作，我們要尋求其中一個最有力、技術最精密的工業幫助我們變得受人喜愛，也就不足為奇了。但渴望得到別人想望和滿足這渴望所需的奸詐政治密謀卻早已存在。

為了讓讀者感受一下可以稱為「保障的政治」（"politics of security"）[28] 的潛在危險和困難，讓我們看一個經典例子：莎士比亞的悲劇《李爾王》（*King Lear*）開頭的一場。這一場戲有時稱為「拍賣愛」。[29] 年老的李爾王決定退休，不再公開活動，打算將財富分給三個女兒，而他聲明財富的分配方式是基於三個女兒公開宣告各自對他的愛有多深：

> 女兒啊，
> （既然我打算不再執掌王權，
> 放棄擁有國土，停止操持國事）
> 告訴我，你們當中哪一個最愛我？
> 我便會將最大的恩惠賜給
> 天性最配承受的那一個。

細心的讀者幾乎立刻懷疑李爾的動機十分複雜，絕對

28 我們從朋友 Willie Young 教授那裏得知這句話。

29 我們這樣閱讀 *King Lear*，很大程度上是倚賴 Michael Ignatieff 的 *The Needs of Strangers*（New York: Picador, 1984）, 25 ～ 53。

不是沒有私心。由於他將會放棄自己的財富，他將來的保障便倚靠女兒的愛。過去的經驗令他相信，大女兒高納莉（Goneril）和二女兒麗瑾（Regan）都是自私自利、詭計多端的；只有三女兒歌迪莉亞（Cordelia）才是品格良善，十分關心他的。李爾希望歌迪莉亞在拍賣中勝出。這樣便可以支持他已經決定的結果，那就是讓歌迪莉亞分得國土最大的部分，從而保證自己可以度過舒適和有尊嚴的晚年。[30] 但要得到這個結果，歌迪莉亞必須願意超越姊姊，她需要公開奉承父親，令自己尷尬。

拍賣開始時，大女兒高納莉首先發言，她完全沒有保留：

父王，我對你的愛非言語所能形容；
勝過視力、活動的空間和自由；
超越任何名貴、稀有的珍寶；
不亞於有福、健康、美麗、尊榮的生命；
比得上任何兒女對父親的愛；
這愛令言語貧乏，言詞無力。
我對你的愛無邊無際，無窮無盡。

接著，二女兒麗瑾發言，她的宣言比姊姊更誇張：

父王，我和姊姊

30 Ignatieff, *The Needs of Strangers*, 37.

由同樣的金屬造成，
我與她價值相若。我實在
感到她道出我心底真情；
只是她仍有不足；我得聲明
我敵視其他一切感官歡愉，
能夠令我感到無比幸福的
就只有父王你的慈愛。

李爾按計劃回應兩個女兒，承諾將王國不太大的部分送給她們，並繼續指望歌迪莉亞願意與他配合。也就是說，他希望歌迪莉亞好像姊姊那樣言不由衷地誇張，但這種事情完全不符合她高尚的品格。李爾為她搭建舞台，讓她按自己期望演出：

——現在，我的寶貝，
年紀雖最小，卻同樣重要；為贏得你垂青
法蘭西的葡萄與勃艮第的牛奶
相互競爭；你可以說甚麼來取得
比你姊姊更豐富的一份？說吧。

但歌迪莉亞的回應與李爾的期望完全不同。對李爾的「你可以說甚麼」，她的回應是：

父王，我沒有甚麼話說。
李爾：沒有話說？

歌迪莉亞：沒有話說。

李爾：沒有話說便甚麼也沒有。再說一遍。

歌迪莉亞：我真不幸，無力

將心底話宣之於口。我愛父王

照著女兒的本分，不多也不少。

李爾現在感到進退維谷；他本來寄望歌迪莉亞合作，讓他有理由將國土最大的部分送給她，從而令自己的將來得到保障。如果他收回較早時的宣告，根據其他準則劃分國土，便會在眾人面前出醜，他們當中有些人相當有地位。但如果他不能說服歌迪莉亞合作，便要冒險，餘生可能都要倚靠對他漠不關心的人。對歌迪莉亞最初的生硬回答，他說：「怎麼啦，怎麼啦，歌迪莉亞？修飾一下你的話／以免損害你的運道。」歌迪莉亞堅持誠實地回答，揭露了父親的計謀，以及姊姊詭計多端地參與其中，同時又以最清楚不過的方式表達她對李爾的愛有多深：

好吧，父王

你生我，養我，愛我；我

恰當地報答你養育之恩，

服從你，愛你，最尊敬你。

為甚麼姊姊有丈夫，如果她們說

她們全心愛你？假若我會結婚，

伸手接受我婚盟的丈夫，會帶走

我一半的愛，一半的關心和責任。

我肯定不會好像姊姊那樣，結婚
但仍然全心愛你。

李爾的回應是苛刻的。他決定不讓歌迪莉亞繼承任何財產，原本給她的那部分會分給兩個姊姊。他退休後會輪流在這兩個女兒家裏居住。他會保留自己的稱號，維持數目不太多的侍從，但在生活的其他方面，則完全倚靠兩個女兒的慷慨。正是在這裏，故事的悲劇性開始展現。

兩個大女兒對父親的態度很差，不單不讓他有侍從服事，連他的稱號和他認為自己應得的徽章也奪去。一旦他不再能夠賜她們權力或財富，她們對他的愛也隨即消失，對待他猶如對待乞丐，除了食物和棲身之所，甚麼也不提供給他。[31] 李爾忘恩負義的女兒終於露出她們的真面目，她們的殘忍將李爾迫瘋，他到死都沒有完全康復過來；這殘忍也將李爾驅趕到一個地方，在那裏卻無處可尋他十分渴望得到的愛。[32]

現代世界有那麼多人求助於改良技術，使自己受人喜愛，藉以在危險和無愛的世界中給自己和自己的將來保障。要將這個世界和《李爾王》的世界過分緊密地對應，我們有點猶疑。但李爾和我們的世界似乎有些共同特點。兩個世界都充滿需要愛的男女，兩個世界都冷酷無情，很

31 Ignatieff, *The Needs of Strangers*, 35 ~ 37.

32 外表和真正身分，以及看見和盲目在 *Lear* 是重要的主題。只有當 Edmund 出賣了 Gloucester，而 Gloucester 盲了後，父親才認出 Edgar 是他真正的兒子。

少有愛出現。愛的罕見引誘我們令自己變得可愛，有時甚至令我們不理會努力要付出甚麼代價和後果，或者令我們對愛感到絕望，確信自己根本不值得別人渴望。在這個世界，正如在李爾的世界，我們的努力和絕望都有些悲劇成分。幸好我們有可能居住在一個不同的世界，在那裏愛和接納並非那麼罕有。

這是耶穌心裏所想的嗎？

現在我們最好回到我們的出發點，耶穌的登山寶訓。我們開始這一章時，考慮耶穌吩咐門徒「要完美」時可能是甚麼意思，並指出這個勸告令歷代基督徒要不是因為無力不犯罪而感到沮喪，便是好像尼布爾和他的追隨者那樣運用詮釋的巧計。這兩種做法都不正確，尤達說，因為兩者都「引入現代的完美觀念，是古代所沒有的」。[33]

我們可以將耶穌在馬太福音五章 48 節的話翻譯為「要完美」，但從上下文來看，這不是好的翻譯。[34] 這個勸告出現在一段論述的結尾，那段論述可以被理解為耶穌對十誡（Decalogue）下半部（second table）的精神和用意的詮釋。耶穌在教導追隨者他們的關係的恰當本質，包括與家人、基督

33 Yoder, *Politics of Jesus*, 118.

34 希臘詞 *teleios* 的意思與配合個人的 telos 或真正本性有關。*Teleios* 也可以翻譯為「完全」、「完整」或「不分開」。這裏參 Gerhard Kittel, et al., eds., *Theological Dictionary of the New Testament Abridged in One Volume*, translated by Geoffrey Bromiley（Grand Rapids, MI: Eerdmans, 1985）, 1164 ～ 1165。

徒羣體的其他成員、陌生人以及敵人的關係。這個段落以我們要思考的問題作結，以登山寶訓這部分的明確評論開始：「你們聽見有話說……只是我告訴你們……」在這個段落，要思考的特定關係是門徒與他們的敵人：

> 你們聽見有話說：「當愛你的鄰舍，恨你的仇敵。」只是我告訴你們，要愛你們的仇敵，為那逼迫你們的禱告。這樣就可以作你們天父的兒子……你們若單愛那愛你們的人，有甚麼賞賜呢？……你們若單請你弟兄的安，比人有甚麼長處呢？就是外邦人不也是這樣行嗎？所以你們要完全〔NRSV 作完美〕，像你們的天父完全一樣。（太五 43～48）

除了愛仇敵這個著名但通常被忽視的號召外，這段經文更大的神學重點與上帝在世上的工作有關：上帝的百姓蒙召在他們一起的生命中反映上帝的品格。上帝的本性是不單愛可愛的人，也愛不可愛的人。[35] 而「由於上帝並不偏待人，祂的門徒蒙召在選擇愛的對象時同樣不偏待人」。[36]「要完美」就是放棄保障的政治，沉浸在不偏待人的愛的政治中。

我們得承認，將這個觀念應用到這一章關心的問題並不是十分直接——也就是不是簡單得可以說，由於上帝對醜

35 John Howard Yoder, "The Political Axioms of the Sermon on the Mount," in *The Original Revolution* (Scottdale, PA: Herald Press, 1971), 50.

36 Yoder, *Politics of Jesus*, 120.

陋、肥胖和抑鬱的人，以及吸引、健壯和愉快的人，都給予一視同仁的愛；我們不應該關心自己的外表或感覺，或者別人的外表或感覺。但我們相信，上帝不偏待人、具體的愛，給我們一個全新的角度看改進技術。如果我們使用改進技術，是因為渴望令自己身為個人，能夠根據當代文化扭曲了的標準而令人喜愛或有其他價值，那就是不正當。如果我們容許我們對別人的尊重受制於這些標準，便沒有以自己得到的愛來愛人，因而不能向世界見證上帝對創造的愛的本質和深廣。我們蒙召轉化，但要轉化去配合一個理想，是與電視屏幕微弱的光線反映出來的理想十分不同的。

第八章
以盼望和愛克服脆弱和哀傷

貝里的《積伯．克羅》(*Jayber Crow*)是美麗的輓歌式小說。根據書的副題，這本小說是「由威廉港的理髮師積伯．克羅講述自己的一生」。[1]這本書肯定是這樣，但和貝里所有小說一樣，它遠不單是這樣。《積伯．克羅》是關於愛的著作，是細心的默想，講述深思的男女怎樣發現、愛和追求——有時似乎是徒然地——生命中最重要的事情，例如真理、愛、對一個地方的歸屬感和一個朋友羣體。貝里將聰明、深思的積伯．克羅的一生描述為這種追尋。他在一間細小、具宗派背景的學院接受裝備準備全時間事奉期間，開始真誠地進行這種追尋。他暗地裏質疑老師輕易地接受神學上的簡單化，例如聖經字面上毫無謬誤。他的質疑不斷加深，

1 Wendell Berry, *Jayber Crow* (Washington, DC: Counterpoint, 2000)；下引此書只標頁數不另標註。

他再不能保持沉默，於是他逐一接觸老師，「由最簡單的問題開始，先找最多話說的教授」。[2] 他們給他的顯淺答案不能令他滿意，他們這個無比真誠的學生也不能接受要他不要再提問的勸告。

這份真誠最終帶領積伯去接觸一位他真正害怕的教授。他回憶說：「我不敢去找他，因為我知道他會將真相告訴我」。[3] 在一次情緒激動時，積伯闖進這位教授的辦公室，一口氣提出很多棘手的神學問題，然後專心等候回應。但那位教授沒有答案，或者不願意提供答案。兩人四目交投，積伯的困境有甚麼意義也漸漸變得清晰。他不能在將這樣不合邏輯的事情宣告為真理的教會擔任牧師，如果他要繼續忠於自己和自己對理智的追尋，他必須放棄獎學金，離開大學。積伯告訴教授：「我有一種感覺，我可能蒙召」。

> 「你可能是對的。但不是蒙召做你以前以為你蒙召做的事情。不是蒙召做你現在以為你蒙召做的事情。你得到的問題是你不會**得到**答案的。你要活出那些答案——或許一點一點地活出」。
>
> 「那要花多少時間？」
>
> 「我不知道。或許長達一生之久。」
>
> 「那可能是很長時間。」

2 Berry, *Jayber Crow*, 52.

3 Berry, *Jayber Crow*, 53.

教授說：「告訴你多一個奧祕吧。那可能比一生更長。」[4]

積伯．克羅便這樣開始他的追尋，我們喜歡將這追尋想為對基督徒忠心這個艱難、終生的任務一個很好的比喻。因為基督教的真理最終不是一個觀念或一套命題，讓我們同意；而是要活出的一生。這樣的一生必須在面對問題得不到答案，有時十分不確定時仍然堅定地活出，而關於這生命的全部真理，只能在它結束時才能夠知道。正如聖保羅解釋：「我們如今彷彿對著鏡子觀看，模糊不清，到那時就要面對面了。我如今所知道的有限，到那時就全知道，如同主知道我一樣。」（林前十三 12）

記念我們的水禮

在一生中，隨著我們學習接受我們水禮確立的必要現實，我們的信仰也趨於完滿。這些必要的現實包括一個矛盾：我們在身體上與耶穌的死和復活聯合後，便有自由在我們受造性的界限內活出我們的生命。這表示我們有自由接受由於有身體而有的一切，包括我們的脆弱，我們的倚賴，以及最終是我們必定要死；甚至接受這一切為恩賜。這樣做時，我們學習到重要的教訓：我們的生命作為身體是恩賜，來自仁慈的上帝，祂不單掌管我們生命的過程和結果，也掌

4　Berry, *Jayber Crow*, 54.

管整個歷史。由於我們來自上帝，屬於上帝，最終註定要回到上帝那裏，我們不用無節制地搏鬥，為要控制我們存在的所有環境，在生命臨近終結時保存生命，或完全控制我們死亡時的環境。[5]

死亡是邪惡的——保羅在哥林多前書十五章承認，即使在耶穌復活後，死亡仍然是「仇敵」——但它不是我們會遇到的最糟事情。上帝在我們死亡時與我們同在，就好像在我們活著時與我們同在一樣，我們也得到應許，耶穌從死裏復活後，很多人也會和祂一樣（林前十五 20～28）。而且，既然我們不用再視死亡為我們終極、不能消滅的仇敵，我們也可以脫離對死亡的恐懼。正如東正教關於基督家譜的大晚課（Great Vespers）宣告說：「主啊，祢以祢的死拆毀地獄之門；祢搗毀死亡的領地；解救人類脫離墮落，賜予世界生命、不朽和大憐憫。」有了這恩賜和伴隨的脫離恐懼的自由，我們便能夠與受苦和死亡的人同在，照顧他們，給他們我們同在的恩賜，從他們那裏接受他們離世的恩賜。[6]

因此基督教變成了不單是關乎我們死後有甚麼事情發生，也是關乎我們學習一起生活，以致我們的死——以及在別人死時對他們的照顧——是在地上結束我們在這裏生活期間學習和活出的忠心。我們仍然害怕死亡，有時甚至十分害怕。我們為失去我們所愛的人而哀傷，十分哀傷，而且往往

5 在這裏正如常見的情況那樣，耶穌是我們的榜樣（約十三 1～20）。

6 所有基督徒的忠心都以愛為基礎，這愛必然與死人復活連繫起來。在這裏，我們依從 Karl Barth, *The Resurrection of the Dead*（Eugene, OR: Wipf and Stock, 2003），我們稍後會更多引述這本著作。

不能得到安慰。但我們的恐懼和哀傷，因著與上帝以及在聖徒相通中與彼此有永恆的將來這個遠象，而得到緩和。因此，我們明白，進入保羅告訴哥林多人的「面對面」，只是完成我們從水禮池出來時開始的旅程，以及在那裏確立的軌跡；那時我們與耶穌一同埋葬和復活（羅六 3 ～ 11）。正如積伯．克羅從老師那裏學到，這旅程長達一生之久，甚至可能更長。我們只有現在開始在我們水禮的真理中生活，才能夠盼望完成這旅程。

在死亡的文化中否認必死

在生命結束時體現基督徒的忠心，學習好好地死，以及好好地照顧垂死的人，在當代北美文化中特別艱難。教宗若望保祿二世（Pope John Paul II）提到「死亡的文化」，實際上是一種控制的文化，它的特點是只為了方便或加快不可避免的事情而選擇死亡。[7] 可以肯定的是，我們害怕死亡，但我們也寧願不讓死亡在場，不記起死亡的無可避免，甚至不談論死亡；因為這些提醒冒犯我們不言而喻的盼望。我們希望在不斷進步的醫藥幫助下，我們可以避免死亡——至少維持很長很長的時間。這樣，在我們遠離死亡的現象，盡量遠離我們會死的提醒時，我們對死亡基本、本能的恐懼便倍增。而這種遠離又因為我們居住在其

7 John Paul II, "Evangelium Vitae," *The Encyclicals of John Paul II*, edited by Michael Miller（Huntington, IN: Our Sunday Visitor, 1996）。我們相信，我們講述教宗描述我們文化的方式符合教宗的意圖。

中的世界的結構而擴大。[8]

或許描述這種結構的最好方法是指出它的分離性。當代世界的結構令我們遠離死亡，因為它令我們分離——彼此分離，也與我們的生命倚賴的大地分離。當然，我們一直都是這樣分離，至少在某程度上，因為這種分離是人類普遍遠離上帝最明顯的方式之一，在我們生命中明顯可見，基督徒稱之為「原罪」。二十世紀的更正教神學家潘霍華（Dietrich Bonhoeffer）以十分簡潔的方式總結了「墮落」的神學意義。他解釋說，在遠離上帝後：「人的生命現在與上帝、與人、與萬物、與自己都不聯合（disunion）」。[9] 但在現代未來到之前，人們將這種分離，很大程度上理解為要克服，或者至少是要抵抗的狀況，而社會結構也傾向反映這種努力。但當代北美的文化不單反映放棄抵抗，更反映了接受以前的文化對抗的分離。[10]

當代文化引致我們分離的方式，大多數與現在主流的全球政治經濟模塑我們的方式有關，而我們普遍都毫不批判地

8 我們在這裏不能詳細論述這個現象。有關更詳細的論述，參 Joel Shuman, "The Last Gift: The Elderly, The Church, and the Gift of a Good Death," in *Growing Old in Christ*, edited by Stanley Hauerwas, Carole Stoneking Bailey, Keith Meador, et al.（Grand Rapids, MI: Eerdmans, 2003）, 151～166。

9 Dietrich Bonhoeffer, *Ethics*, edited by Eberhard Bethge（New York: Macmillan, 1965）, 21。雖然關於在美國應否公開展示宗教符號或信息的公眾辯論仍在繼續進行，我們提出 Bonhoeffer 的 *Ethics* 的開頭可能對糾正我們社會過度的自大十分有幫助。

10 Michael Baurmann, *The Market of Virtue: Morality and Commitment in a Liberal Society*（New York: Kluwer Law International, 1996）, 1～6, 19～30.

參與這政治經濟。我們熱誠地參與商品無盡和不斷的生產、分配和消費，成了無根、過度流動的經濟的一部分。人們告訴我們，要活得更好，必須有抽象的「更多」。我們對這「更多」的渴望沒有窮盡，樂意十分努力地工作去追求它。我們離家去工作，既是在一般意義上離開我們成長的地方，追求成功的事業；也是在特定的意義上，每天上路「去工作」，在能夠擁有市郊更遠更大和更豪華的住宅時，上班的路程也更遙遠。我們的受僱是建基於一個假設：我們與工作場所和同事的關係只是合約性質。我們受到教導，要視自己為理性、自私和貪婪的個體，暫時進入互利的關係，包括與僱主的關係，而僱主往往是集團，我們對它漠不關心，它對我們也漠不關心。由於我們深受想擁有更多的渴望推動，也由於我們的僱主明天對我們可能有用，也可能沒有用；我們需要流動，隨時準備走向下一個機會——出於需要或自私。

因此我們好像風暴中的樹葉，不斷隨著我們的野心或我們服務的公司的狂風舞動。我們沒有根，沒有固定的地方，也沒有時間認識鄰居或親戚。我們只有自己的工作、工作賺得的金錢以及金錢帶來的商品和服務。而由於我們的孤立和無根，我們需要購買更多商品和服務，因為我們不能或者沒有時間自己做各樣事情。這樣，我們便愈來愈倚賴陌生人，而他們很可能與我們同樣自私和貪婪，我們必須付款給他們為我們做很多以前人們自己做的事情。羣體、家庭和地方的智慧和愛被所謂專家的技術和行內知識取代，我們只是假設他們比我們更清楚甚麼才是最好的。

當然，這種假設深刻地模塑我們想像和處理生命終結的方式，以致現在我們幾乎總是不單將死亡和死亡的過程連繫到醫藥，也連繫到醫藥最進取，以及在技術上最複雜的形式。我們承認，事情並非總是這樣，而事情是這樣時也不完全是壞事，因為進取和在技術上複雜的醫藥有合理的用處，是我們要感激的。但我們相信，現代北美的文化傾向將生命的終結連繫到醫院和療養院，大致上深刻地顯示，我們的文化在多大程度上是死亡的文化。因為這種連繫顯示我們傾向將生命從死亡，將活人從垂死的人分隔出來。畢竟我們的生命是關乎生產和消費，我們很少有時間探訪，更遑論照顧那些不再參與生產和消費，也不再能夠照顧自己的人。我們假設照顧垂死的人是人們受僱從事的工作，而且事情一直都是這樣。

或許這是因為我們非常不願意面對自己會死。有些人甚至在日常生活中千方百計避開關於死亡的提示，視死亡為不自然，與生命格格不入。另一些人則嘗試安排結束自己生命的具體方式和時間，藉以控制死亡。作為令這種逃避和控制變得可能的主要力量，醫藥很多時偶然地成了我們崇拜的替代對象。

在第二章，我們提出基督徒需要培養的其中一種更重要技巧，是在掌權和執政的假裝為神時識破和抵抗它們。但在這個世代，掌權的是上帝良好創造重要且甚至是不可或缺的部分，而因為它們受造是要服事我們，我們的抵抗比全然拒絕要複雜得多，也困難得多。正如我們說過，我們必須學懂**利用**掌權的來為我們追求忠於上帝服務。

我們希望我們已經表明，這是困難的工作，不能簡化為規則或原則。它需要的德行，只能夠藉著忠心地參與基督聚集的身體的實踐才能夠培養，也需要整個基督徒羣體的幫助——既幫助我們分辨在特定的情況下要做甚麼；同樣重要的是，也以我們一起的生命，令我們在接近生命終結時，可以運用恰當，也可能是非典型的方式彼此照顧。或許最重要的是，它要求我們細心地留意已經到了生命終結的人的榜樣，與醫藥的掌權的搏鬥，找尋一條忠心的路走出困境。

一個故事：平凡人非凡的信心

我們從各方面得知，海伍德（Haywood）一家是馬里蘭州東岸一個充滿朝氣的家庭。一九九九年，哈里．海伍德（Harry Haywood）五十八歲，仍然充滿活力，剛從本地的職業訓練學校退休，他本來在那裏教導學生航海和內燃機機械。他太太安（Ann）是小學教師。他們的女兒杰拉汀（Geraldine）二十六歲，在杜克大學神學院（Duke University Divinity School）上第二個學期的課。[11] 哈里和安住的房子是他們在杰拉汀讀小學時自己興建的，他們和杰拉汀的關係仍然相當密切。哈里十分享受划獨木舟、觀看鳥兒和野生動物以及查坦河（Choptank River）潮水有規律地依從季節變化。

海伍德家庭在很多方面都和那個小鎮的典型家庭一樣。他們努力工作，與鄰居相處融洽，積極投入社區的生活。

11　我們認識海伍德家庭，知道他們的故事，是因為我們其中一人有幸在杰拉汀．海伍德就讀杜克大學時教導她。她願意分享她的故事，令我們在這裏思想海伍德一家的榜樣。

雖然他們都並非特別「虔誠」，但基督教傳統深深影響他們的世界觀。哈里在衞理會成長，雖然他不再穩定出席教會聚會，但他接受的教育繼續在他的生命中以多種方式顯露出來。安是忠心的天主教徒，積極投入當地教區。杰拉汀感到自己更接受更正教，打算接受聯合衞理公會（United Methodist Church）按立。

不過，在十分重要的方面，這是一個非凡的家庭，因為他們一起生活時花很多時間討論重要的事情。哈里和杰拉汀都曾參與「和平工作團」（Peace Corps）的義務工作，哈里在非洲，杰拉汀則在太平洋羣島。在與安和杰拉汀談話時，人們不能不感到，哈里在非洲的經驗，對他理解應該怎樣生活有深刻的影響。她們記得他經常談及自己怎樣從非洲人身上學懂深深地欣賞長者的智慧、友誼和親戚的重要，以及每個人都貢獻社區的重要性。或許，他學到的最重要教訓，是欣賞大地的自然規律，並視生和死為這些規律的重要部分。杰拉汀特別提到，她和父親經常談及死亡是自然的，以及這事實對人生有甚麼含義。她記得這些是他們在房子四周的樹林散步，或者在河上划獨木舟時，父親刻意傳遞給她的教導，她和母親當時和現在都明白，這些教導不單是非洲文化的重要部分，也是基督教傳統的重要部分。

面對醫藥的掌權的

一九九九年三月之前，哈里都很少患病。但一天早上，在一場遲得出人意料的大風雪後，他到外面剷雪。他回到家裏時，安明顯發覺他有點不對勁。安記得自己看見哈里的臉孔和眼睛時感到多麼震驚，只是在大約短短一小時內，他的臉孔和眼睛都已經明顯變黃。安立刻陪哈里到當地醫院的急症室，結果哈里要留院四天，接受一連串檢查，其中一個檢查顯示他的胰臟出了問題。醫生與哈里和安討論檢驗結果時的態度表明事態嚴重，哈里最好在更大、設備更精密的醫院接受治療。他轉介哈里到巴爾的摩（Baltimore）的馬里蘭大學醫學中心（University of Maryland Medical Center）見專科醫生。

安記得在出發前，他們進行了「重要的談話」，期間考慮到哈里可能不能康復，需要使用他們幾年前簽署的「生前囑咐」（living will）。從哈里和安的角度來看，這個可能性雖然仍然頗為不確定，但卻令人憂傷，甚至悲痛。但哈里清楚向安表明，他相信死亡不是他遇到的最糟事情，他並不特別害怕死亡，不應該單為了保存他的生命而採取極端的措施。他們也將情況告知杰拉汀，她很快便與父母會合，一起去巴爾的摩。

在巴爾的摩，海伍德一家經歷了當代高科技醫學的無比複雜——包括它最好和最壞的方面。在與三位外科醫生一次緊張和不自然的會面中，醫生和海伍德一家幾乎有點滑稽地擠在一間細小的檢查室。在那裏，哈里得知自己患了胰臟癌，醫生也告訴他，他的病的性質和嚴重程度限制了可供選擇的治療方法。安和杰拉汀記得她們最初的反應是震驚；她們沒有預期會聽到**癌症**這兩個字，而醫生卻假設他們已經知道情況有多嚴重。不言而喻的是，在接下來的幾分鐘他們十分難受，他們掙扎著接受這個消息，而醫生則肩並肩坐著，尷尬地看著自己的腳，根據安和杰拉汀的回憶，「他們彷彿從未見過任何人哭」。

那刻的尷尬很快過去，他們終於決定迎向挑戰，尤其是安。主診外科醫生建議哈里接受一個稱為威普氏手術（Whipple operation）的徹底外科程序，將他大部分胰臟和腸臟切除。安頗為有力地向醫生提出的第一個，也是惟一的問題是：手術甚麼時候可以完成。安和杰拉汀記得，醫生對他們的堅定感到意外。經過一番討價還價後，幾位醫生同意騰出時間，立即替哈里做手術。杰拉汀記得哈里在醫院的化驗室接受手術前的驗血時，她與其中一位醫生有一次重要的談話。她不愧為學生，不斷向醫生提出各種問題：關於他的工作，關於那間醫院，當然也包括她父親的病情。醫生告訴她：「你需要明白情況有多嚴重，你爸爸的生存機會只有四分之一。」杰拉汀問：「你有沒有告訴**他**這件事？」醫生回答說：「沒有，我也不會告訴他，你也一定不能這樣做。如果他知道他的生存機會那麼小，他便不能捱過去。」

杰拉汀憶述，要獨自承受這消息帶來的壓力實在很大，但為時卻不長。手術明顯很成功，醫生非常樂觀，也十分樂意告訴安和杰拉汀他們樂觀的原因。這很大程度上是由杰拉汀促成。她說：「我聽說在主要的教學醫院，他們將每一個人都當為一個數字或一片肉。我現在知道事情不一定是這樣，但我當時確實是這樣想，所以我的目標是令他們當我們是人。我開始問他們十分個人的問題。例如：『你們在哪間醫學院讀書？』然後是『告訴我關於你們家人的事？』以及『你們空閒時做甚麼？』」她說她這樣做似乎令醫院的職員感到震驚。「他們看著我，彷彿我瘋了。但他們也問我們一些關於我們生命的個人問題。他們知道關於我們的一切，卻不接受我們問他們關於他們生命的個人問題。但為甚麼我們不能問？他們知道一切；他們知道我們整個歷史！所以我決定要『了解他們』。而我的做法是有效的」。有時抵抗掌權的可以簡單得只是訴諸他們的人性。

安和杰拉汀很高興地發覺深切治療部的職員很有同情心，願意遷就人。但杰拉汀說，即使她刻意的舉動某程度上也是在扮演一個角色，嘗試符合她相信醫生和護士對她的期望：表現得有教養、「平靜」。那天晚上，她父親能夠坐在牀上說話。她和父親說再見，然後離開深切治療部，卻發覺自己竟然不知道怎樣離開停車場。她回憶說：「那時我發覺，醫院這東西實在比我想像中複雜得多。」她開始察覺到醫藥的掌權的，而且和大部分第一次親身經歷醫藥的人一樣，被這掌權的懾服。

在盼望和絕望中忠心

在最初五天，哈里康復的進度比任何人的預期都好。安恢復工作，杰拉汀返回校園，兩人都預期哈里會完全康復。但接著事情慢慢改變。哈里偶然有點混亂，對深切治療部的病人來說，這本來是很正常的事，但問題是他的情況開始變壞。醫院在電話告訴安病理學報告顯示哈里沒有癌細胞，但同時也告訴她哈里要使用呼吸器。雖然安需要時間明白這是甚麼一回事，但卻明顯知道出了問題。她和杰拉汀回到醫院，在那裏得到通知。哈里的胰臟剩下的部分穿了，流出來的膽汁侵蝕了縫口，影響到腸臟。手術失敗了，哈里受到感染。

在接著的幾天，哈里的情況穩定地變差。他仍然要使用呼吸器，而且因為用了大量麻醉藥而昏迷。雖然醫生定期清洗他的腹部，但化驗報告顯示他胰臟的破口仍未癒合。醫生再替他做手術，試圖修補破口。杰拉汀回想那段日子：

> 每隔兩天他們便送他到手術室。那裏就是有這種「戰鬥心態」，就好像醫生那樣，你也開始接受這個系統。但你也開始明白你的時間已經不多，如果這個手術無效，你所愛的人便會死去。這令你愈來愈害怕，然後你發現你也正被〔醫院的職員〕觀察。有那麼多事情在發生，實在令人吃不消。在開始時，只有鼻孔套上管子〔輸送氧氣〕和一個靜脈注射裝置；但在你還未察覺時，便有呼吸器，他手術後的傷口被打開，包上紗布，再以膠紙覆蓋，然後牆邊掛滿靜脈注射裝置。

安和杰拉汀再次開始面對哈里可能會死去。那時是受苦節後的週末，到了復活節的主日，她們得知她們在等候室認識的一位女士的父親剛在前一晚去世。那位女士留下一張紙條給杰拉汀，為了過去一段日子的友誼感謝她，並表示她因為父親在復活節去世而感恩。安和杰拉汀記得，這番話令她們對發生在哈里身上的事情開始有不同的理解。在醫生對哈里的情況繼續表示樂觀，批准進行另一次手術之際，兩母女盡最大努力為哈里的死作準備。

正如有時會出現的情況那樣，最後的手術從技術上來説是成功的，但從醫學上來説卻是失敗的。醫生解除威普氏程序，哈里的腸臟基本上被分離出來，放入一連串袋子內，這些袋子貼在他的身上，或掛在牀邊。安和杰拉汀知道，醫生的計劃是嘗試穩定哈里，清除感染，然後將他帶回手術室，盡可能搶救他的消化系統。但接著他感染了肺炎。

對健康的人來説，肺炎也是嚴重的疾病，但完全可以治療。但對好像哈里病得這樣嚴重、這樣虛弱的人來説，肺炎卻是災難。安和杰拉汀和醫生見面時，他明顯並不樂觀，開始暗示她們需要作最壞打算。但在這樣預示不幸來到的坦白中，兩母女感到醫生同時向她們講述兩個不同，而且互相衝突的故事。一方面，醫生間接要求他們為哈里的死作預備。另一方面，醫生繼續給她們哈里能夠康復的盼望，雖然那康復是在不確定的將來，而且要經過漫長的住院和更多手術——醫生開始提及期間哈里可能要切開氣管，然後在療養院住一段時間，接著接受更多手術。這令她們感到十分矛盾，因為她們在哀傷中感到擔心，她們的哀傷是否顯示她們放棄讓哈里活下去的盼望。

哀傷和盼望

第二天下午，安和杰拉汀去見醫生，醫生談了幾分鐘有甚麼「選擇」後，安拿出哈里的「生前囑咐」，要求醫生完全坦白地說出他預期會有甚麼情況出現。安記得醫生凝視了她們一會，然後閱讀那份「生前囑咐」，接著彷彿鬆了一口氣地說：「你們真的明白，是嗎？」她們向醫生保證自己真的明白，哈里公開與她們談過自己的死，她們兩人也討論過。她們解釋說，她們準備尊重哈里的意思。

與醫生和護士長商量過後，安和杰拉汀計劃等到週末才移走哈里的呼吸器，讓他自然地死去。雖然他們明顯因為這個決定帶來的結果而感憂傷，但也接受這是最符合哈里的利益的，也預備好為他的死而哀傷。另一方面，醫生卻因為哈里會死而深感震動。安和杰拉汀相信，這很大程度上是因為他們是正直的好人，十分關心病人。但他們也明顯因為哈里的病表明的失敗而感到困擾。

醫生的沮喪令人想起貝里提出現代醫院是兩個世界的並置，但這兩個世界卻通常沒有交滙。那兩個世界是愛和技術的效率。在大部分情況下，前者以病人和家人為代表，後者則以醫生和其他提供照顧的專業人士為代表。大家的目的都是令病人恢復健康，令家庭、羣體和工作重拾意義。但它們的分別是，如果正確地理解，愛的世界可以給死亡留有空間；但效率的世界卻不能這樣。貝里說：

> 在愛的世界，被效率和專門化分開的事物努力回復一起。但愛必須面對死亡，接受它，向它學習。只有面對死亡，地上的愛才能學懂本身真實的深廣，本身的不朽。任何對健康的定義，如果並不愚蠢，便必須包括死亡。愛的世界包括死亡，忍受它，並勝過它。效率的世界被死亡打敗；

在死亡時，它的所有工具和程序都停止。愛的世界卻繼續，而哀傷就是明證。[12]

但好像死亡這樣可怕的事情可以怎樣包括愛？愛又怎樣勝過它？我們認為可能有這種愛，因為它的能力在於上帝對創造的愛，這愛在耶穌的死和復活，以及給予所有在水禮與耶穌聯合而進入死亡者的復活應許之中，最清楚地展示出來。到了週末，哈里的醫生懷著歉意告訴安，他已經盡了力，也希望自己可以做得更多。安握著醫生的手，感謝他說：「醫生，我們都會死。沒有死亡，便沒有復活。我們相信復活。」第二天醫護人員移走哈里的呼吸器，他在愛他的人陪伴下死去。超過五年後，安和杰拉汀仍然為哈里的死感到哀傷，但也從復活的盼望中得到安慰。安繼續積極地在教區事奉，而杰拉汀則是衛理會的牧者，在醫院擔任院牧。

復活與聖徒相通

我們把容許哈里死這個決定理解為一個見證，而不是宿命論或放棄。安和杰拉汀選擇愛的世界而不是效率的世界。她們能夠這樣做，因為她們相信，也希望自己的生命表明，最終只有愛勝過死亡。正如貝里說，愛勝過死亡是在哀傷中顯明，但也在盼望中顯明。對基督徒來說，愛不能脫離盼望。我們經歷似乎是與我們所愛的人終極分離時便產生哀

12 Wendell Berry, "Health Is Membership," *Another Turn of the Crank* (Washington, DC: Counterpoint, 1995), 105.

傷。這種分離提醒我們，我們最終不大能夠控制自己個人的歷史，更遑論世界的歷史。後者在我們看來往往似乎是混亂和死亡勝過秩序和生命。因此，世界的歷史往往令人絕望。不過，盼望令我們相信，我們的哀傷只是暫時的，雖然我們不能控制歷史，但使耶穌從死裏復活的那一位卻有這種能力，實際上也已經這樣做，有利生命和愛。[13] 這給我們機會，自由地活和死，並在面對死亡時彼此照顧，雖然不是由我們控制。因為即使是醫藥，即使是最好和最精密的醫藥，也只能延遲而不能阻止我們的身體毀滅，上帝的愛卻有這種能力——這愛克服死亡。因此，在我們身為基督徒生命的中心，是我們對自己脆弱、倚賴、必死的身體復活的盼望，令我們有可能愛的盼望。正如巴特解釋說：

> 我們等候我們的**身體**得贖；如果身體得贖不是變得順服、健康和有生命，便沒有上帝；那麼可以稱為神的也不配這個名字。上帝的真理要求和確立死人復活，身體復活。[14]

在復活中，我們預視上帝對良好的創造那完美的旨意得以恢復，這旨意包括在此生使我們彼此連結的完美的愛。

---

13 在這裏，我們再轉向巴特，他在闡釋哥林多前書十五章時說：「基督身為第二亞當是死人復活的開始。完美是也屬於祂自己的復活……正如普遍地消滅死亡一樣，這完美是祂最高的掌權，同時也是祂最後的掌權」（*Resurrection of the Dead*, 164）。

14 Barth, *The Resurrection of the Dead*, 197.

因此，保羅在哥林多前書使用**身體**這個詞時，是有點含糊的，它有時用來指個別人的身體，有時又指基督在聖餐中的同在，有時又指信徒聚集的羣體，而這含糊並非出於偶然。因為保羅對我們個別身體的完美——這完美會在復活時實現——的理解，不能與我們對上帝和彼此的愛的完美分開。復活不單是肉體的，也是集體的事件，透過復活，名為愛的上帝「可以在萬物之上，為萬物之主」(林前十五28)。所以，對基督徒來說，愛不單與盼望分不開，也與羣體分不開，正如我們在使徒信經(Apostles' Creed)中宣告「我信……聖徒相通〔和〕罪得赦免」時，我們分享我們的信念，相信甚至罪和死都不能切斷我們在基督徒羣體中活出的關係。[15] 人類各種形式的分離，其中最可怕的是死亡，但在復活中，這些本來令人哀傷的分離，結果都被勝過了。

為了讓大家一瞥這盼望，我們在結束時回到聰明的積伯・克羅的故事。我們知道積伯長大後不單在威廉港當理髮師，也同時擔任這個地方的掘墓人和教堂的門房。隨著年日過去，積伯在教堂的墓地為本地死去的人預備安息之所時，對在這個地方活著和死去的人產生了特別的愛。他記得有一天，他到教堂工作時睡意正濃，於是在後排長椅後面的地上躺下小睡。

15 Wendell Berry 很多關於"Port William Membership"的短篇和長篇小說都敘述這個信念怎樣活出來。有關透過疾病和死亡，以及雖然有疾病和死亡，關係仍然可以維持的進一步洞見，我們特別推薦他的短篇小說"Fidelity"和"Watch with Me"。

> 不知是醒還是夢（我分不清楚），我看見曾經在那裏的人都聚集在那裏。我就好像以前那樣，從後排長椅那裏看見他們，我和奧提叔叔（Uncle Othy）坐在一起（他不肯坐得更前），而科迪姨姨（Aunt Cordie）則在詩班唱詩，我好像以前在主日（從後排長椅）那樣看見他們。我在過去和將來所有時間中看見他們，不知怎地他們同時在他們自己的時間，也在所有時間，亦不受時間限制：那些愉快地工作和歌唱的婦女，男人則安靜或不情願或害羞，還有疲累的人，心靈受到困擾的人，病人，跛子，絕望的人，垂死的人，被放在長椅上、坐在年長的人旁邊的小孩，對將來充滿期望的年青夫婦，帶著夢的老翁，以子女為榮的父母，眼中含淚的祖父母，在世界的邊緣中只留意到對方的年青戀人，哀傷的寡婦和鰥夫，兒女剛去世的父母親，驕傲的人，謙卑的人，專注的人，分神的人——我全都看見。我看見男人頸後交錯的皺紋，他們因為工作而變得粗糙的手，上教堂穿的衣服因為洗得多而褪色。他們只是在那裏，不發一言，我也不發一言。我似乎以我的愛來愛他們所有人，那是我的愛，只因為這愛將我包括在內。
>
> 我恢復知覺時，臉上沾滿淚水。[16]

眼淚流出，是因為愛，也因為哀傷。最終，對那些相信死人復活和聖徒相通的人來説，愛和哀傷是一樣的。

16 Berry, *Jayber Crow*, 165.

結論
上帝對醫藥也是重要的

從某意義來説，我們這本書的目的沒有甚麼野心。我們只要求基督徒在運用醫藥時，採用與他們關於上帝和上帝對創造的意圖最基本的信念一致的方式。上帝及其對創造的意圖，在以色列、耶穌和稱為教會的羣體的故事中，一再被敍述。不過，從另一個意義來説，這些目的又頗具野心。因為我們要求讀者容許自己沉浸在改變生命的對話以及伴隨的實踐中，但卻沒有怎樣提供具體的指引，講述那對話應該怎樣開始或進行。

某程度上，這是基督教信仰的本質的一個功能。雖然規則和原則是有用的，但卻不足以在信仰與醫藥交滙時作為生活的指引。我們需要的不單是「基督徒與醫藥入門」（"Christians and Medicine for Dummies"）這樣的東西。我們認為我們的取向是「運用醫藥時將上帝視為重要的」，這有幾個可能的意義。首先，正如我們在導論中指出，我們希望讓神學——而不是個人化的靈性——與醫藥展開對話，或者至少騰出空間讓那對話開展。我們不擔心目前北美的醫藥在這樣的討論中不能維持它的目的。我們擔心的是，教會在對話的範圍、細節和語言方面，會繼續讓步給醫藥。教會需要放棄它一些虛假的謙卑，雖然在這件事上某程度的謹慎是可取的。正如我們已經看到，掌權的和個別的人一樣不願意放棄控制，而世俗的力量很快便指出，基督教過去怎樣非常差地濫用它的權力——我們可以補充說，這是正確的。對一些基督徒來說，幾個關於謙卑的教訓會有很大幫助。為了讓基督徒抵抗醫藥作為掌權的的引誘，我們必須更好地活出我們在崇拜時說自己相信的真理。正是在崇拜，或者更具體地是在禮儀（*leitourgia*：「眾人的工作」）中，基督徒找到他們最初的神學。其他一切，從奧古斯丁到薛斯奧拿（Zizioulas）都是次要的。[1] 因此，我們沒有促請基督徒對醫藥進行全面的收購，而是囑咐基督徒做一些既更簡單又困難得多的事：在羣體中活出我們在禮儀中承認和體現的事情，並透過具體的言語和共同的行動，向掌權的說出真理，即使掌權的是醫藥。

「上帝對醫藥也是重要的」這句話的第二個意思也建基於此。如果上帝是重要的，上帝聚集的百姓也是重要的。

1 參 Aidan Kavanaugh 的 *On Liturgical Theology*（Collegeville, MN: Liturgical Press, 1984）。Kavanaugh 沒有接受 *Lex orendi, lex credenda*（「禱告的法則，信仰的法則」）這句口號，而是用 Prosper of Aquitaine 更具體的警句：*Ut legem credenda lex statuat supplicandi*（祈求的法則確立信仰的法則）。

基督徒彼此共有，並與猶太人一起共有的故事，也是他們得到救恩的故事，這故事十分清楚地表明了一點：上帝選擇透過羣體在創造中行動，呼召和聚集以色列民，後來又透過基督拯救的行動，將一羣新人嫁接到好樹上。[2] 正如我們已經看到，醫藥和醫藥倫理幾乎促使我們單將自己想像為個體。只有在羣體中，我們才能夠抵抗那掌權的，因為只有在一起時，我們才能夠彼此堅固。

很重要的是，我們稱為教會的羣體比我們的地方教會大得多。我們看到國家和經濟制度確立的界限怎樣被基督的身體跨越。每次與醫藥的掌權的相遇，我們都必須根據這聚集的羣體來看待。每個決定都必須考慮到對這羣人可能有甚麼影響。我們不是要貶低依從個人良知的重要性——在今日過度個人化的社會，也不大可能有人認真看待這樣的建議——但我們確實想每個基督徒的良知和我們藉著水禮與之聚集在一起的羣體之間展開恭敬的對話。這樣，在要求醫生給我們一點時間才作決定時，不單個別地思想，也在禱告、談話和禮儀中與羣體分擔我們的重擔時，也毋須感到歉疚。

第三個閱讀我們的副題的方法是將重要的上帝理解為三一：上帝是以關係為本質的那一位。我們個別的身體和聚集為教會的身體都是上帝良好的恩賜，要用來服事上帝，我們也探討過我們在應付醫藥的掌權的時可以這樣做的一些方法。但三一絕對不單包括這些。大部分西方的基督徒都頗

2　參 Gerhard Lohfink 的 *Does God Need the Church?: Toward a Theology of the People of God*（Collegeville, MN: Liturgical Press, 1999）。

為清楚：上帝是父和子——即使這有點不正統。不過，除了五旬宗和靈恩派外，大部分人對上帝是聖靈卻頗為模糊，想到這個名字時，往往錯誤地想到火焰或鴿子。但基督徒至少宣稱相信，自從基督升到父那裏後，聖靈與我們同在，給我們保護和幫助（參約十六 7～15）。[3] 教會可以戒除本身一些虛假的謙卑的其中一個方法，是對聖靈的能力培養一種可觸知的信任，相信祂能夠引導羣體走過陌生和危險的境地。我們盼望讀者現在已經清楚看到，至少對基督徒來說，醫藥就是這樣的境地，可能只有聖靈才能夠保護我們安全走過這境地。我們不是要喚起新一代的薩沃那洛拉（Savonarola；譯按：意大利道明會修士，因抨擊教廷腐敗而被教宗判處火刑），鼓動敬虔的人投入反對醫院的抗議暴潮，焚燒醫療紀錄。我們設想的那種信靠、忠心的抵抗，會比較安靜，也必然是非暴力的，就好像我們在走過輔助生育的地雷陣那對夫婦，以及海伍德母女讓至愛離世的故事中看到的那樣。

對他們和書中其他故事的人物來說，前面的路從來都不是清晰可辨的。做事方式有時需要被發明出來，但每次即興都給提到羣體的對話之中。我們認為在這裏用**即興**（**improvisation**）這個詞語是很合適的，因為分享基督的生命就是這樣：在由團體和傳統提供的結構內富創意、歡慶、自由地表演。[4] 爵士樂四重奏即興演奏時，通常有一些正式

---

3 有關聖靈在教會生命中的角色，參 Yves Congar, *I Believe in the Holy Spirit*（New York: Crossroad Herder, 1997）。

4 在這裏，我們發覺 Samuel Wells 的書 *Improvisation: The Drama of Christian Ethics*（Grand Rapids, MI: Brazos Press, 2004）很有幫助。

的元素——例如十二小節藍調（twelve-bar blues）或和弦進行法（chord progression），然後讓每一個主音樂手根據這基礎擴展和演奏，並由其他人襯托。[5] 每個樂手都要認識那進行法和主音樂手會採用的調階；也需要有專注地聆聽以及與樂隊合奏的經驗；亦要透過一生的練習熟習自己的樂器。好像一個身體那樣忠心地生活，同樣需要對我們受洗歸入其中的故事和崇拜有認識，經驗在基督徒羣體中生活，以及終生獻身於羣體的共同實踐。[6] 我們在現代的迷宮中行走，並沒有地圖，但身為基督徒，我們永遠都不是孤身上路。聚集在聖徒的團契這個沒有受死亡限制的羣體中，我們運用古老的主題向掌權的即興展現我們的見證。

因此，我們對忠心生活的描述，必然是片面和間接的，只是提示方向而不作明確規限。不過，任何想保住工作的爵士樂手都經常做基本練習。畢竟，基督徒可以做一些具體的事情，鼓勵大家在醫藥的世界中忠心地見證。我們想在結束

5　甚至 Ornette Coleman 的「即興自由爵士樂理論」（harmolodic theory）雖然是自由地變動，但仍然是共有的基礎，讓聚集在一起的演奏家可以即興演出。

6　現在有很多關於教會實踐作為表演的著作，潘霍華似乎往往成了這方面的個案研究。例如：參 Stanley Hauerwas, *Performing the Faith: Bonhoeffer and the Practice of Nonviolence*（Grand Rapids, MI: Brazos Press, 2004）和“Living and Dying in the Word: Dietrich Bonhoeffer as Performer of Scripture”, in Stephen Fowl and L. Gregory Jones, *Reading in Communion: Scripture and Ethics in Christian Life*（Grand Rapids, MI: Eerdmans, 1991）。潘霍華提到 *cantus firmus*（固定的歌）和忠心的基督徒生命中的複調的對位法，在這方面特別適切。參他在 1944 年 5 月 20 日給 Eberhard Bethge 的信，收錄在 *Letters and Papers from Prison*, enl. ed.（New York: Collier, 1971）, 302 ~ 303。

這本書時提出其中幾種實踐。

首先，或許也是最重要的，是所有基督徒生活時都要記得我們並非孤軍作戰。藉著我們的洗禮，我們的身體成了基督同一個身體的一部分，我們蒙召在這個羣體中一起受苦或快樂。如果我們要以我們的受苦和快樂為共同的事業，我們必須放棄當代文化對私隱的盲目崇拜，預備聆聽與我們分享生命的人，也向他們開放自己。要這樣做，我們必須樂意花時間與別人一起，學習彼此的故事，衡量彼此的恐懼、渴望和需要。因此，基督徒可以做的第一件具體事情十分簡單，只是愉快地一起交談和禱告，建立關係，最終發展成可以談論好像疾病、脆弱和死亡等困難的事情。基督教傳統的很多分支和很多地方教會，都已經有一些可以達到這些目的的內部架構和實踐；仍未有這些架構和實踐的教會，應該建立適當的架構和實踐。

一旦我們建立了溝通的途徑，藉以留意彼此的生命，朝正確的方向走的第二步，是回想和實行我們彼此服事的責任。「憐憫的工作」總是基督徒羣體生命的中心，我們用這方法嘗試讓世界看見上帝的愛。在教會以內和以外，人們在患病時都需要幫助。他們需要有人送他們去見醫生或去醫院。他們需要有人為他們預備食物或清潔房屋。他們需要有人幫助他們定時服藥，替他們洗澡和穿衣，幫助他們去洗手間。他們需要有人照顧他們的孩子或寵物。他們可能需要有人幫助他們支付醫療開支。這一切都是基督的身體的成員應該為彼此做的。特定的地方羣體可能無力聘請全職的教會護士，或設立由教會資助的診所或另類的健康護理系統，不過這些限制不應該排除規模較小的服務，包括最簡單的——但或許是最重要的，那就是與患病的弟兄姊妹同在。

教會可以採取的第三個步驟，是以忠心地使用醫藥為教導事工的明確焦點。當代北美的基督教對聖經和神學都相當無知。面對現代醫藥那可畏的複雜性，在思想醫藥的某種特定使用是否忠於教會傳統時，很多基督徒都茫無頭緒。主日學、讀書會和門徒小組（只是隨便舉幾個例子）都提供機會讓基督徒學習和討論各種課題的重要性，由水禮的意義到接待的重要性到復活的盼望，由全球健康到遺囑人的預前委托書（advance directives）到幹細胞（stem cells）到醫療保險。

這些建議沒有甚麼了不起，但卻是一個開始，它們可以提醒基督徒過不同的生活，因為他們的生命是恩賜，來自仁慈的上帝，他們蒙召以彼此相愛向世界表達上帝的愛。我們的任務既簡單又非常困難：將我們自己的身體從掌權的那裏取回，以我們的生活方式，宣告身體是上帝給我們的恩賜；靠著上帝的恩典，我們的身體也是給世界的恩賜。

約珥．舒曼

布雷恩．福爾克

二○○五年大齋期

致謝

我最初聽聞這本書，是在約珥．舒曼告訴我，我要和他合作撰寫它的時候。當時他不知道我們對有關醫學實踐的神學主張有甚麼話説，但他頗為肯定我可以在這方面幫助他。約珥的信心是否有根據，要由讀者判斷。無論如何，是他想到要寫這本書，我有點迷惘地得益於他的慷慨。最好的是，我們兩人都加深了本來已經很好的友誼，我也學了一些十分有趣的新笑話。

我十分感謝侯活士介紹我認識約珥，他是侯活士在杜克大學的學生。我最初透過書籍認識侯活士，後來與他愉快地通信，其後一直保持聯絡。他幾乎能夠完美地將合適的人聯繫起來。他回覆我寫給他的第一封信時寫道：「希望你不介意我不以先生來稱呼你，因為我感到我們剛開始了一段長期的友誼。」他是對的。友誼是侯活士頗為認真對待的事情，這解釋了為甚麼他那麼精於友誼之道。我們——從現在開始可以用我們了——都因為接受侯活士的建議而擴闊了朋友圈子，開始與本來可能只是與我們擦身而過的人交談。

至於培養傳統、亞里士多德式的友誼——享受彼此相伴，對彼此有幫助，分享對善的共同委身，我們支持的「教會計劃」(Ekklesia Project)是學習此道的最佳學校，我們透過它得到無數祝福。在我們仍未肯定自己是否有話可說時，「教會計劃」的很多朋友已經聆聽和鼓勵我們。我們衷心感謝這個團體的所有朋友。

我們兩人在分別正式和偷偷地闖進神學領域前，都接受護理專業的訓練，也從事有關工作。我們的本行要求從業員和病人非常誠實，即使並非總能夠引發出這種誠實。或許，只有在宗教事工中，幾乎完全陌生的人才經常透露這些私密的生命細節。正是在這些相遇，而不是在書籍中，我們學懂醫藥的藝術，而這只是與別人同在這門藝術的其中一環。我們要感謝我們眾多病人和同事，我們得益於他們，就好像學生得益於最好的老師一樣。

我們在課室內外都從學生身上學到很多東西，其中很重要的一點是：我們認為深刻和明晰的洞見，很多學生卻感到是愚笨和晦澀的。如果我們能夠在這本書清楚地解釋和説明我們的論證，我們要多謝那些有膽量説：「博士，我不明白你説甚麼」的學生。最好的學生往往能夠不受已確立的學科傳統限制，提出合理的問題。在我們忙於應付「正經的工作」，在深受遺忘的領域中露面，遇到這些問題是令人頗為生氣的。正是為了這個原因，這些問題可以在掌權的告訴我們，知識的牢籠是必然和不能改變時，提示我們找到被忽略的方法，從這些牢籠中逃脫。

對那些讓我們講述他們的故事的朋友——特別是安和杰拉汀．海伍德，他們的接待是一個祝福——我們非常感激。我們希望讀者和我們一樣，從他們的見證得到鼓勵。

幾羣聽眾在好像「教會計劃」的週年聚會、英王學院（King's College）和杜克大學的神學及醫學系（Program in Theology and Medicine）等場合留心聆聽源自本書的論證和故事的演講。我們十分欣賞他們那麼耐心，以及提出很多有用的問題。

我們的敬拜羣體，辛辛那提的貝拉爾米內聖堂（Bellarmine Chapel）和賓夕法尼亞州山頂（Mountain Top）的聯合衞理公會基督堂（Christ United Methodist Church）都以多種方式支持我們，包括定期聚集，好好地舉行禮儀。教會好像人一樣，是人性很好的混合，我們對它的感激往往並不足夠。我們在書中提到的故事，只是我們領受的部分恩賜。

巴拉索斯出版社（Brazos Books）的克拉普（Rodney Clapp）在這個寫作計劃仍然只是一篇文章時已經對它懷著信心，並就手稿提出詳細和富洞見的評語，改進了這本書。庫珀（Rebecca Cooper）在成書的過程中一直引導著我們，並以豐富的幽默感應付我們偶然帶來的大小震驚和驚訝。我們很高興能夠與巴拉索斯出版社和它出色的同工合作，也因為他們美好的友誼而喜悅。

寫書這種工作最適合內向的人。曾經與作家一起生活的人都明白，寫作要花多少時間放下慣常的責任和承諾，坐在鍵盤旁邊。我們在醫學和教育界的同事仁慈地給我們時間和空間處理關於這本書的事情。我們的孩子杰西（Jessie Shuman）、阿摩斯（Amos Shuman）和以撒（Isaac Shuman），以及威爾（Will Vlock）、彼得（Peter Volck）和馬利亞（Maria Volck）的犧牲更大，他們要忍受我們不陪伴他們，把房門關上。我們希望現在給他們補償還不會太遲。如果一個男人的太太比他聰明、更有條理或者更好，那個男人便有福了。我們兩人都有幸有三者兼備的配偶。克里斯．舒曼（Chris Shuman）和吉爾．胡珀特（Jill Huppert）不斷給我們鼓勵和支持，甚至處理我們留給她們的手尾，我們實在十分欣賞和感激她們。

緊扣時代　服事教會

讀者意見表

衷心多謝你購買本社書籍。本社一直致力以出版事工服事教會，幫助信徒扎根於神的話語，促進靈命增長。為使我們的出版更能滿足你的需要，請填寫下列各項資料，並寄回或傳真予本社。

所購書籍：＿＿＿＿＿＿＿＿＿＿＿＿

本書最吸引你的地方：

□作者　□適切性　□文筆　□設計　□實用性

□其他：＿＿＿＿＿＿＿＿＿＿＿＿

購買本書地點：

□基道書樓　□基督教書店　□非基督教書店

性別：□男　□女　職業：＿＿＿＿＿＿＿＿

信仰：□基督徒　□非基督徒

年齡：□16歲或以下　□17～25歲　□26～35歲

□36～55歲　□56歲或以上

學歷：□中三或以下　□中五　□預科

□大學　□研究院

□我欲更多了解基道出版社的事工及考慮支持，請寄給我下列資料：

□機構簡介　□新書資料　□基道會員通訊

□《基道文字事工通訊》

姓名：＿＿＿＿＿＿＿＿＿＿＿＿電話：＿＿＿＿＿＿＿＿

地址：＿＿＿＿＿＿＿＿＿＿＿＿＿＿＿＿＿＿＿＿

＿＿＿＿＿＿＿＿＿＿＿＿＿＿＿＿＿＿＿＿

傳真：＿＿＿＿＿＿＿＿ 電子郵件：＿＿＿＿＿＿＿＿

其他意見：＿＿＿＿＿＿＿＿＿＿＿＿＿＿＿＿

＿＿＿＿＿＿＿＿＿＿＿＿＿＿＿＿＿＿＿＿

多謝賜教！

意見表可以傳真（2687-0281）或直接郵寄以下地址：
香港沙田火炭坳背灣街26號富騰工業中心1011室
基道出版社編輯部收